BURNOUT

DO ESGOTAMENTO AO AUTOCONHECIMENTO

RODOLFO BARRUECO

BURNOUT

DO ESGOTAMENTO AO AUTOCONHECIMENTO

O que a ciência e o corpo mostram, mas a mente tenta silenciar

MATRIX

Direitos em língua portuguesa para o Brasil:
Matrix Editora
www.matrixeditora.com.br
/MatrixEditora | /@matrixeditora | /matrixeditora | /matrixeditora

Diretor editorial
Paulo Tadeu

Assistente editorial
Mayara Oliveira

Capa, projeto gráfico e diagramação
Marcelo Córreia

Revisão
Adriana Wrege
Silvia Parollo

CIP-BRASIL - CATALOGAÇÃO NA PUBLICAÇÃO
SINDICATO NACIONAL DOS EDITORES DE LIVROS, RJ

Barrueco, Rodolfo
Burnout: do esgotamento ao autoconhecimento: o que a ciência e o corpo mostram, mas a mente tenta silenciar / Rodolfo Barrueco. - 1. ed. - São Paulo: Matrix, 2025. 176 p.; 23 cm.

ISBN 978-65-5616-617-9

1. Burnout (Psicologia). 2. Fadiga mental. 3. Estresse ocupacional. I. Título.

25-100165.0 CDD: 158.723
CDU: 159.944.4

Carla Rosa Martins Gonçalves - Bibliotecária - CRB-7/4782

SUMÁRIO

AGRADECIMENTOS

Agradeço antes de tudo a Deus, fundamento de toda existência e força propulsora que guia cada passo da jornada.

À minha família e à minha parceira de vida, presenças constantes que me sustentaram com firmeza nos momentos de busca interior.

Aos amigos que estiveram por perto, que escutaram, acolheram e provocaram reflexões profundas, lembrando-me do valor da partilha ao longo do caminho do autoconhecimento.

E, com reverência, estendo minha gratidão a todos os pensadores, filósofos, cientistas e inquietos da alma que, ao longo da história, sussurraram ou gritaram a mesma convocação: conhece-te a ti mesmo. Que a coragem deles de olhar para dentro tenha sido semente para este livro, e que também inspire quem agora o lê.

Capítulo 1

QUANDO O CORPO FALA O QUE A MENTE SILENCIA

O sofrimento é o intervalo entre duas ilusões.
C. G. Jung

Existe uma sabedoria ancestral que reside nas sensações mais primárias do nosso ser, uma linguagem silenciosa que precede a palavra e a razão. Por vezes, essa linguagem começa com sussurros discretos, quase inaudíveis. No meu caso, no início eram apenas dores de cabeça, que eu atribuía ao excesso de tempo diante das telas, depois uma noite maldormida que se repetia com frequência crescente, uma alimentação desequilibrada justificada pela falta de tempo, e assim se passaram anos. Anos vividos em um ritmo frenético, sem que eu pausasse o suficiente para realmente *compreender* tudo que estava acontecendo *dentro* de mim, embora estivesse intensamente focado em tudo que se passava ao meu redor. Eu vivia imerso em um turbilhão de demandas externas, mal enxergando os sinais internos que meu próprio corpo tentava desesperadamente enviar.

A cultura do mercado financeiro, ambiente em que vivi por quase duas décadas, celebrava a resiliência medida em horas trabalhadas, a dedicação expressa em fins de semana no escritório, a "alta performance" como sinônimo de esgotamento disfarçado. Para mim, e para muitos ao meu redor, não havia justificativa para uma alta performance que não viesse acompanhada de um acúmulo quase heroico de horas dedicadas a atividades consideradas essenciais para o crescimento – o meu e o da empresa. Quantas vezes me peguei, em conversas e até mesmo em pensamentos íntimos, sentindo um orgulho perverso ao afirmar, com uma ponta de exaustão na voz: "Meu dia simplesmente não tem horas suficientes, deveria ter pelo menos mais 24 horas!". Essa frase, proferida como um distintivo de honra, mascarava uma profunda desconexão com os limites do meu próprio ser. Eu cultivei, sem plena consciência das consequências biológicas e psicológicas, uma cultura *workaholic* em mim mesmo. Paradoxalmente trilhando caminhos que me trouxeram até aqui, ajudando a moldar a mentalidade essencial que, ao colapsar sob o peso da sobrecarga, deu origem a uma profunda reflexão que culminou na elaboração deste livro. A busca incessante por validação externa e sucesso profissional silenciava o diálogo interno.

Foi em meio a essa reflexão, buscando entender por que meu corpo por fim "quebrou" sob a pressão, que ouvi uma frase em uma roda de filosofia que ressoou em mim com uma verdade perturbadora e me fez refletir profundamente: "Antes da dor se alojar no corpo, ela ensaia silêncios na alma". Essa frase poética e perspicaz descreve com precisão assustadora o processo sutil pelo qual o sofrimento psíquico, quando não reconhecido ou expresso, começa sua jornada silenciosa antes de se manifestar como sintoma físico.

Na minha experiência, e na de tantos outros que vivem sob constante pressão, vejo que esses sinais iniciais estavam de fato presentes, mas de uma forma tão discreta e fragmentada que eram facilmente ignorados, especialmente para uma mente treinada a focar apenas o tangível, o mensurável, o "produtivo". Era um sono que se fragmentava sem explicação aparente, me deixando exausto ao amanhecer. Uma irritabilidade difusa que contaminava meu humor antes mesmo do dia começar, me tornando impaciente e reativo. Uma ansiedade persistente que, em vez de me paralisar, se mascarava de energia e me impulsionava a "fazer mais", confundindo agitação com produtividade. Uma memória que falhava em reter informações triviais, me deixando constantemente confuso com detalhes simples. Todos esses eram lampejos desorganizados, *flashes* de alerta que não se uniam em um diagnóstico claro, em um problema que eu pudesse nomear e resolver de forma lógica. Eles eram, na verdade, fragmentos de um sistema que estava debaixo de uma sobrecarga, sussurros de um corpo e de uma psique que lentamente corroíam a estabilidade subjetiva – aquela sensação interna de segurança, coerência e bem-estar – que sustenta nossa presença eficaz e autêntica no mundo.

Vivemos em tempos em que tudo grita por nossa atenção – o smartphone incessante, a caixa de e-mails que nunca esvazia, as notificações das redes sociais, as telas que nos cercam em todos os ambientes. Em meio a esse bombardeio sensorial e cognitivo, torna-se uma tarefa hercúlea, quase impossível, ouvir o sussurro delicado e persistente desses sintomas que, embora silenciosos comparados ao clamor do mundo externo, já anunciavam uma sobrecarga sistêmica. Uma sobrecarga que, eu viria a aprender da maneira mais difícil, não deve e *não pode* ser sustentada por muito tempo sem consequências graves. Simplesmente não temos campo psíquico, nem resiliência biológica infinita, para conviver em um ambiente estressor crônico que nos aprisiona em estados mentais e fisiológicos pouco saudáveis por tempo indeterminado. A mente, operando em capacidade máxima para lidar com as demandas externas, fica surda para as necessidades internas.

Diante dessa pressão implacável e da incapacidade (ou recusa) da mente consciente de processar e expressar o sofrimento interno, o organismo encontra um canal alternativo, muitas vezes o último recurso: o corpo. É no corpo que a mente, silenciada pelas exigências do ambiente e pela própria repressão, encontra a superfície possível para sua expressão mais crua e inegável. E, quando esse canal somático se abre, o que antes era apenas um cansaço crônico inespecífico se transforma em dor muscular persistente ou fibromialgia; o que era tensão nervosa e ansiedade difusa vira gastrite crônica, síndrome do intestino irritável ou dor de cabeça tensional incapacitante; e o que era angústia ou tristeza reprimida se torna inflamação silenciosa no corpo, preparando o terreno para uma série de doenças.

Durante boa parte da história da medicina ocidental, influenciada por uma visão dualista que separava rigidamente mente e corpo, a mente foi tratada como um território incerto demais, volátil demais para ser considerada uma fonte confiável de informação clínica. A dor só era considerada válida quando podia ser objetivamente verificada, quando era visível em um exame de imagem, quando se encaixava em um marcador bioquímico de um exame de sangue, quando cabia confortavelmente dentro de um modelo puramente biomédico. Embora tenhamos feito avanços significativos, ainda caminhamos a passos por vezes tímidos e hesitantes em termos de diagnóstico clínico que integre plenamente a dimensão psíquica. Em contrapartida, os sintomas psíquicos – a ansiedade sem causa aparente, a tristeza profunda na ausência de uma perda óbvia, a fadiga inexplicável, as dores "sem explicação médica" – eram frequentemente desvalorizados, lidos como fraqueza de caráter, mero exagero ou, em um eco histórico infeliz, como manifestações de histeria. Esses resquícios de um modelo obsoleto falhavam miseravelmente em compreender e validar as complexas e inseparáveis interações entre a emoção, a cognição, o sistema nervoso e o resto do corpo.

Mas a ciência é dinâmica. À medida que novas ferramentas de investigação foram surgindo e a curiosidade científica ousou cruzar as fronteiras entre as disciplinas, tornou-se cada vez mais insustentável ignorar a profunda interconexão entre mente e corpo. Pesquisadores começaram a investigar com maior profundidade os circuitos neurais que sustentam as emoções, o impacto mensurável do estresse crônico no sistema imunológico e o papel central do eixo hipotálamo-hipófise-adrenal (HHA) – o maestro da resposta ao estresse – na regulação da nossa fisiologia em face da ameaça percebida, seja ela física ou psicológica. Tornou-se impossível, para uma ciência honesta, desconsiderar que o sofrimento emocional não é apenas uma experiência subjetiva legítima, mas sim, em muitas circunstâncias, o ponto de origem tangível de disfunções físicas reais, mensuráveis e, por vezes, profundamente incapacitantes.

Nesse cenário de mudança, emergiu e consolidou-se a psiconeuroimunologia (PNI) – um campo interdisciplinar que se dedica precisamente a estudar a intrincada comunicação e interação entre a psique (mente/comportamento), o sistema nervoso (cérebro, medula, nervos) e o sistema imunológico. A PNI demonstrou, com base em vasta evidência científica, que estados emocionais crônicos, como medo, raiva, tristeza ou isolamento, não ficam confinados à mente, mas enviam sinais bioquímicos e neurais por todo o organismo. Eles alteram a produção de citocinas (moléculas sinalizadoras do sistema imunológico que podem promover ou inibir inflamação), afetam o tônus vagal (a atividade do nervo vago, crucial para a regulação parassimpática e a resposta ao estresse), modulam os processos inflamatórios em nível celular e tecidual e podem inclusive reconfigurar, de forma duradoura, a sensibilidade do organismo à dor e à doença.

Diante dessa evidência, somos forçados a fazer uma pausa e refletir: pensemos, agora, quantos anos de emoções crônicas maltratadas, de estresse ignorado, de traumas não processados temos guardados em nosso corpo e em nosso cérebro desde a infância, passando pela adolescência e a vida adulta, até o momento – se é que ele chega, no caso de muitos – em que finalmente paramos para nos dar conta de quem realmente somos e de como estamos *sentindo*. O corpo, essa superfície sábia, guarda a história que a mente relutou em contar, transformando o silêncio da alma em uma linguagem de sintomas.

O sistema que nunca desliga: quando o perigo se torna permanente – a sobrecarga simpática crônica

Para compreender verdadeiramente como o corpo começa a falar a linguagem da doença quando a mente silencia, é crucial mergulhar no funcionamento do nosso sistema de resposta ao estresse, especialmente em sua vertente mais antiga e reativa: o sistema nervoso simpático (SNS). Ao longo de milhões de anos de evolução, o SNS foi finalmente moldado para uma função primordial e esporádica: garantir a sobrevivência imediata diante de ameaças agudas e concretas. Sua ativação orquestra a famosa resposta de luta ou fuga (ou congelamento). Pense em um cenário ancestral: a presença inesperada de um predador, a necessidade urgente de escapar de um desabamento, a disputa física por território ou alimento. Nessas situações, o SNS entra em ação em frações de segundo, despejando hormônios como adrenalina e noradrenalina na corrente sanguínea.

As mudanças fisiológicas são dramáticas e instantâneas, todas voltadas para maximizar a força, a velocidade e o estado de alerta para lidar com o perigo iminente:

- O coração acelera violentamente, para bombear sangue oxigenado rapidamente para os músculos esqueléticos.

- A respiração torna-se rápida e superficial, para aumentar a captação de oxigênio.
- Os vasos sanguíneos dos músculos se dilatam, enquanto os do sistema digestivo e da pele se contraem (é por isso que ficamos pálidos e com a sensação de frio na barriga sob estresse agudo).
- O fígado libera glicose armazenada para fornecer energia rápida.
- Os sentidos se aguçam, a percepção da dor diminui temporariamente e a atenção se concentra na fonte da ameaça.
- A digestão e outras funções não essenciais para a sobrevivência imediata são suspensas ou drasticamente reduzidas.

Essa resposta é biologicamente cara em termos de energia, mas incrivelmente eficaz para tirar o organismo do perigo imediato. Criticamente, ela foi desenhada para ser breve. Uma vez que a ameaça passava (você escapou do leão ou ganhou a disputa), outro ramo do sistema nervoso autônomo, o sistema nervoso parassimpático (SNP), deveria reassumir o controle, orquestrando a resposta de "repouso e digestão". O SNP diminui a frequência cardíaca, acalma a respiração, restaura a digestão, relaxa os músculos e permite que o corpo retorne ao estado de homeostase – o equilíbrio interno dinâmico.

No entanto, o cérebro humano moderno vive uma realidade ambiental radicalmente distinta. Não enfrentamos leões diariamente (na maioria das vezes), mas somos bombardeados por um tipo de intimidação diferente: ameaças abstratas, prolongadas, recorrentes e, muitas vezes, que não podem ser resolvidas com luta física ou fuga. Pense nas metas de desempenho inatingíveis no trabalho, na instabilidade econômica que gera preocupação constante, nas comparações de sucesso incessantes impulsionadas pelas redes sociais, nas notificações sem fim que exigem atenção imediata, na sobrecarga de informação, na sensação de falta de controle sobre o próprio tempo e futuro. Esses são os predadores da era moderna.

Essa mudança profunda no ambiente gerou um perigoso descompasso entre a biologia de resposta ao estresse que herdamos e o estilo de vida que a sociedade contemporânea nos impõe. O sistema simpático, desenhado pela evolução para ativações intensas, mas breves, permanece agora ligado quase continuamente. Não há um momento claro de "o leão se foi" para que o sistema parassimpático possa assumir plenamente o controle. O corpo está fisiologicamente pronto para correr ou lutar, mas não há para onde correr, e a luta é contra um fluxo interminável de e-mails ou em busca de uma meta inatingível.

Essa ativação simpática persistente não apenas drena a energia vital, mas também programa o organismo para um estado de alerta crônico e sustentado. É como se o interruptor de perigo estivesse permanentemente travado na posição "ligado". Estudos pioneiros de pesquisadores, como Bruce McEwen e Robert Sapolsky, desvendaram os altos custos biológicos dessa ativação crônica. Eles demonstraram como a exposição contínua a altos níveis de hormônios do estresse, como o cortisol (liberado em resposta à ativação do eixo HHA, que trabalha em conjunto com o SNS sob estresse), está diretamente relacionada a alterações estruturais no volume de regiões cerebrais cruciais. O hipocampo, vital para a formação de novas memórias e a regulação do estresse, tende a encolher sob o bombardeio constante de cortisol. O córtex pré-frontal (CPF), sede das funções executivas, como planejamento, tomada de decisão, memória de trabalho e regulação emocional, também sofre prejuízos estruturais e funcionais, comprometendo nossa capacidade de pensar com clareza, controlar impulsos e gerenciar nossas emoções de forma adaptativa. Simultaneamente, a amígdala, nosso centro de detecção de ameaças, pode se tornar hipertrofiada e hipersensível, disparando alarmes mesmo diante de estímulos neutros ou minimamente ambíguos.

Além do impacto direto no cérebro, esse estado prolongado de hiperatividade simpática e exposição hormonal tóxica é a base do conceito de "carga alostática". Cunhado por McEwen e Stellar (1993), o termo carga alostática refere-se ao desgaste cumulativo no corpo e no cérebro que resulta da adaptação repetida ou crônica ao estresse. Não é o estresse em si, mas o *custo* fisiológico de estar constantemente se adaptando a ele. Quando os sistemas de resposta ao estresse (SNS, eixo HHA, sistema imunológico) são ativados repetidamente ou de forma sustentada, eles podem, com o tempo, se tornar desregulados, operar ineficientemente ou até mesmo causar danos. A carga alostática se manifesta em múltiplos sistemas fisiológicos:

- Sistema cardiovascular: pressão arterial e frequência cardíaca cronicamente elevadas aumentam o risco de hipertensão, doenças cardíacas e acidentes vasculares cerebrais.
- Sistema metabólico: desregulação do açúcar no sangue, aumento da resistência à insulina, acúmulo de gordura visceral (a mais

perigosa para a saúde) e aumento do risco de diabetes tipo 2 e síndrome metabólica. O cortisol estimula o corpo a armazenar energia na forma de gordura, preparando-o para uma fuga ou luta que nunca acontece.

- Sistema imunológico: inicialmente, o estresse pode aumentar a imunidade para curar ferimentos, mas a ativação crônica suprime certas funções imunes (como a produção de anticorpos e a vigilância contra células cancerígenas), enquanto promove inflamação crônica de baixo grau. Isso leva a uma maior suscetibilidade a infecções e a uma cicatrização mais lenta, além de contribuir para doenças inflamatórias crônicas.
- Sistema cerebral: além das alterações estruturais já mencionadas (hipocampo, CPF, amígdala), a carga alostática no cérebro contribui para a fadiga crônica, dificuldade de concentração e memória e aumenta a vulnerabilidade a transtornos psiquiátricos, como depressão, transtornos de ansiedade e síndrome de *burnout*.

Um exemplo contundente dos efeitos da carga alostática vem de estudos com populações sob estresse crônico severo. A pesquisa clássica de Kiecolt-Glaser *et al.* (2003) com cuidadores de pacientes com Alzheimer, um dos grupos mais cronicamente estressados devido às exigências implacáveis e ao esgotamento emocional da tarefa de cuidado, demonstrou não apenas elevações sustentadas nos níveis de cortisol ao longo do dia, mas também prejuízos imunológicos claros. Esses cuidadores apresentaram menor resposta à vacina contra a gripe (indicando uma produção reduzida de anticorpos) e uma incidência maior de infecções respiratórias em comparação com grupos controle. Esses dados ilustram dramaticamente como o corpo, sob o jugo do estresse prolongado, entra em um modo de sobrevivência fisiológica que, paradoxalmente, o torna mais vulnerável justamente àquilo a que deveria resistir: doenças e patógenos.

Esse sistema que não desliga compromete a capacidade fundamental do corpo de retornar à homeostase e mina os recursos internos de resiliência que poderiam ser usados para recuperação e crescimento. A mente, operando sob essa pressão fisiológica constante, torna-se menos capaz de elaborar com clareza suas experiências emocionais, de encontrar soluções criativas para problemas, de manter a perspectiva ou de experimentar alegria plena. O sono, mesmo em quantidade suficiente de horas, não cumpre sua função reparadora plena. O repouso físico não restaura a vitalidade interna. E o prazer, mesmo em momentos de lazer, parece diluído, sem a nitidez que deveria ter. A sensação dominante torna-se a de uma fadiga que não passa, um cansaço instalado não nos músculos, mas em um nível mais profundo – na própria percepção da energia vital e na capacidade de engajamento com o viver.

Portanto, o primeiro passo crucial para interromper esse ciclo de esgotamento e doença induzida pelo estresse é reconhecer os sinais da ativação simpática crônica em nosso próprio corpo e mente: a tensão muscular constante, o coração acelerado sem razão aparente, a dificuldade de relaxar, a mente que não para, a irritabilidade persistente, a fadiga que o sono não cura. O segundo passo, que será aprofundado em capítulos posteriores, é aprender, de forma deliberada e intencional, a cultivar a ativação do sistema nervoso parassimpático – o contraponto restaurador do SNS – por meio de práticas específicas. O que precisamos internalizar agora é que o grande perigo existencial na sociedade contemporânea não é mais o predador físico de outrora, é a impossibilidade de desligar o sistema de alarme interno, a incapacidade de encontrar o caminho de volta para o estado de repouso e digestão. E isso, com base na evidência científica que aponta para a carga alostática e suas consequências, talvez seja, de fato, ainda mais perigoso para a nossa saúde em longo prazo do que qualquer ameaça externa.

O eixo hipotálamo-hipófise-adrenal (HHA): o alarme interno que não encontra o botão de desligar

O eixo hipotálamo-hipófise-adrenal (HHA) é o principal sistema neuroendócrino do corpo responsável por mediar a resposta ao estresse. Ele age como um sofisticado sistema de alarme e gerenciamento de crise, projetado para responder a ameaças (percebidas pelo cérebro), liberando hormônios que preparam o corpo para a ação e, em seguida, desligando-se quando a ameaça cede. No entanto, é precisamente nesse mecanismo de "desligamento" que reside o problema fundamental no contexto do estresse crônico.

A cascata de ativação do eixo HHA funciona como uma cadeia de comando biológica:

1. O hipotálamo (H): localizado no cérebro, funciona como o centro de comando que detecta o estresse. Ao perceber uma ameaça (seja ela um trauma físico real, um desafio psicológico ou até mesmo um pensamento ansioso), o hipotálamo libera o hormônio liberador de corticotrofina (CRH). O CRH pode ser considerado o primeiro sinal de alarme enviado pelo cérebro.
2. A hipófise (H): localizada na base do cérebro, abaixo do hipotálamo, a glândula hipófise recebe o sinal do CRH. Em resposta, ela libera o hormônio adrenocorticotrófico (ACTH) na corrente sanguínea. O ACTH age como o mensageiro que leva a ordem para as glândulas adrenais.
3. As adrenais (A): localizadas no topo dos rins, as glândulas adrenais recebem o ACTH e, em resposta, liberam uma série de hormônios do estresse, sendo o cortisol o mais conhecido. Outros hormônios incluem catecolaminas, como adrenalina e noradrenalina.

O cortisol é o principal hormônio do estresse em longo prazo. Sua função é vital na resposta aguda: ele aumenta a glicose no sangue (energia rápida), suprime funções "não essenciais" (como digestão, reprodução e até mesmo a resposta imunológica inicial, para evitar que a inflamação após um ferimento seja muito intensa), aumenta a atenção e a memória para a situação de perigo e modula o humor.

O mecanismo de *feedback* negativo é crucial para a função saudável do eixo HHA. Níveis elevados de cortisol no sangue *deveriam* sinalizar de volta ao hipotálamo e à hipófise para diminuir a liberação de CRH e ACTH, respectivamente, desligando a cascata de estresse, uma vez que a ameaça passou. É como um termostato que desliga o aquecedor quando a temperatura ambiente atinge o nível desejado.

No entanto, a ativação crônica do eixo HHA, impulsionada pelo estresse persistente e pela incapacidade do cérebro de processar a "segurança", altera profundamente esse delicado sistema. A exposição contínua a altos níveis de cortisol pode levar a uma espécie de resistência ao cortisol nos receptores localizados no hipotálamo, na hipófise e em outras partes do corpo e do cérebro, incluindo o hipocampo. É como se o termostato estivesse quebrado: mesmo com a "temperatura" (níveis de cortisol) alta, o sinal de desligamento não é mais eficazmente recebido ou processado. Isso resulta em uma liberação persistentemente elevada de CRH, ACTH e, consequentemente, de cortisol. O alarme interno simplesmente não encontra o botão de desligar.

O excesso crônico de cortisol tem efeitos deletérios generalizados:

- No cérebro: como mencionado, o hipocampo é particularmente vulnerável. A exposição crônica ao cortisol inibe a plasticidade sináptica (a capacidade das sinapses de se fortalecer ou enfraquecer) e, crucialmente, suprime o nascimento de novos neurônios. Estudos como os de Gould e Tanapat (1999) em modelos animais demonstraram uma queda drástica na proliferação e na sobrevivência de novos neurônios hipocampais sob estresse crônico. Em humanos, a redução da neurogênese hipocampal tem sido correlacionada com prejuízos na memória episódica, dificuldade de aprendizado e, notavelmente, com a persistência de sintomas depressivos e de ansiedade. A atrofia do hipocampo sob estresse crônico compromete sua função na regulação do eixo HHA e na contextualização de memórias, tornando mais difícil distinguir entre ameaças passadas e a segurança presente. O córtex pré-frontal também sofre, levando a déficits em funções executivas, como planejamento, controle de impulsos e tomada de decisão flexível.
- No ciclo sono-vigília: o cortisol tem um ritmo circadiano natural (derivado do latim *circa diem*, que significa "cerca de um dia"), sendo mais alto pela manhã, para nos despertar, e diminuindo ao longo do dia, para permitir o sono. O estresse crônico desregula esse ritmo, mantendo os níveis de cortisol elevados à noite. Isso interfere na capacidade de adormecer, fragmenta o sono e reduz a quantidade de sono de ondas lentas (profundo) e REM, essenciais para a reparação física, a consolidação da memória e a regulação emocional. O resultado é uma sensação contínua de fadiga e incapacidade de recuperação, mesmo após passar horas na cama.
- No metabolismo: o cortisol crônico promove a resistência à insulina, incentivando as células a se tornarem menos responsivas à insulina que regula o açúcar no sangue. Isso leva a níveis elevados de glicose, aumentando o risco de diabetes tipo 2. Ele também estimula o apetite (especialmente por alimentos ricos em açúcar e gordura) e direciona o corpo a armazenar o excesso de energia como gordura visceral, a gordura mais metabolicamente ativa e

perigosa, associada a um risco aumentado de síndrome metabólica e doenças cardiovasculares.

- No sistema imunológico: embora o cortisol agudo suprima a imunidade, a exposição crônica leva a um estado mais complexo. Inicialmente, ele pode suprimir certas respostas imunes adaptativas (como a produção de anticorpos), tornando o indivíduo mais suscetível a infecções. No entanto, como mencionado, pode ocorrer resistência ao cortisol em células imunes, o que, juntamente com a ativação simpática, promove a inflamação crônica de baixo grau.
- Na percepção de controle: é fascinante notar que a ativação do eixo HHA não depende apenas da *presença* de um estressor, mas da *forma como ele é percebido e interpretado* pelo indivíduo. Estudos demonstram que a percepção subjetiva de ter controle sobre uma situação estressora, ou a capacidade de prever sua ocorrência, modula significativamente a magnitude e a duração da liberação de cortisol. Quanto maior a sensação de autonomia, previsibilidade ou capacidade de enfrentamento, menor tende a ser a resposta do eixo HHA. Isso é crucial, pois mostra que a nossa *interpretação cognitiva* e o nosso *estado psicológico* (mediado pelo córtex pré-frontal e outras áreas cerebrais) têm um impacto direto na nossa fisiologia hormonal. Essa percepção pode ser treinada e desenvolvida, o que é um dos pilares de abordagens terapêuticas, como *mindfulness* e reestruturação cognitiva – elas visam justamente ampliar a sensação de autocontrole e a capacidade de reavaliar ameaças, influenciando diretamente a ativação fisiológica do estresse.

Inflamação silenciosa: o fogo que consome por dentro – o elo entre mente, estresse e doença crônica

Além do eixo HHA, o estresse crônico é um dos principais agentes da inflamação crônica de baixo grau. Diferentemente da inflamação aguda – a resposta útil e visível a um corte ou infecção, marcada por calor, vermelhidão, inchaço e dor –, a inflamação crônica de baixo grau é um estado subclínico, muitas vezes assintomático em suas fases iniciais. Ela se instala sorrateiramente, sem febre alta nem dor aguda localizada, e precisamente por isso é um "fogo que consome por dentro", danificando silenciosamente os tecidos e desregulando as funções ao longo do tempo.

O estresse crônico e a disfunção do eixo HHA promovem a inflamação de diversas formas:

- Resistência ao cortisol nas células imunes: embora o cortisol agudo seja anti-inflamatório, a exposição crônica pode tornar as células imunes "resistentes" aos seus sinais, permitindo que as respostas inflamatórias ocorram mesmo na presença de altos níveis de cortisol.
- Ativação de vias pró-inflamatórias: o sistema nervoso simpático, cronicamente ativado, libera noradrenalina, que pode se ligar a receptores em células imunes, estimulando a liberação de citocinas pró-inflamatórias.
- Dano tecidual: o próprio dano causado pelo estresse crônico (como no revestimento do intestino ou nos vasos sanguíneos) pode iniciar ou perpetuar processos inflamatórios.

As moléculas centrais dessa inflamação silenciosa são as citocinas pró-inflamatórias, como a interleucina-6 (IL-6), o fator de necrose tumoral alfa (TNF-alfa) e a proteína C reativa (PCR). Produzidas primariamente por células do sistema imunológico, essas moléculas sinalizadoras não ficam confinadas à periferia do corpo. Elas podem atravessar a barreira hematoencefálica – a fronteira protetora entre o sangue e o cérebro – e exercer efeitos diretos e prejudiciais na função neuronal e glial. A função glial refere-se ao conjunto de atividades realizadas pelas células da glia no sistema nervoso. Essas células, que não são neurônios, desempenham um papel crucial na sustentação, nutrição e proteção dos neurônios, além de participar da homeostase do sistema nervoso.

Uma vez no cérebro, as citocinas pró-inflamatórias:

- Alteram a neuroquímica: interferem no metabolismo e na sinalização de neurotransmissores cruciais para o humor e a motivação, como a serotonina e a dopamina. Isso pode explicar por que a inflamação está associada a sintomas de depressão (frequentemente descrita como um estado de doença ou *sickness behavior,* que é mediado por citocinas), anedonia (redução da capacidade de sentir prazer) e fadiga.

- Afetam a plasticidade sináptica e a neurogênese: a inflamação crônica pode inibir a formação de novas sinapses e a sobrevivência de neurônios, especialmente no hipocampo e no córtex pré-frontal, comprometendo a plasticidade e a função cognitiva.
- Ativam a microglia: microglia são células imunes residentes do cérebro. A inflamação periférica pode ativá-las, levando à neuroinflamação – inflamação *dentro* do próprio tecido cerebral. A neuroinflamação crônica está implicada na progressão de doenças neurodegenerativas e na exacerbação de transtornos psiquiátricos.

Um estudo publicado na revista *Brain, Behavior, and Immunity* (2017), por exemplo, demonstrou que altos níveis de IL-6 circulante estavam associados a menor conectividade funcional em redes cerebrais envolvidas na autorregulação emocional, reforçando a ideia de que a inflamação compromete a capacidade do cérebro de gerenciar as emoções de forma adaptativa.

Além disso, uma área de pesquisa em franca expansão revela a profunda interconexão entre o estresse crônico, a inflamação e o eixo intestino-cérebro. Pesquisadores (Cryan & Dinan, 2012; Foster & Neufeld, 2013) têm sustentado em seus trabalhos que o intestino possui seu próprio sistema nervoso (o sistema nervoso entérico, muitas vezes chamado de "segundo cérebro") e abriga trilhões de microrganismos – a microbiota intestinal. Existe uma comunicação bidirecional constante entre o intestino e o cérebro, mediada por vias neurais (como o nervo vago), hormonais (como o cortisol) e imunológicas (citocinas).

O estresse crônico prejudica a integridade da barreira intestinal, aumentando a permeabilidade (*leaky gut*) e permitindo que toxinas bacterianas (como o LPS) e substâncias pró-inflamatórias entrem na corrente sanguínea, aumentando a inflamação sistêmica. O estresse também altera a composição da microbiota intestinal (causando disbiose), favorecendo o crescimento de bactérias que promovem a inflamação e diminuindo as que produzem substâncias benéficas, como ácidos graxos de cadeia curta (que nutrem as células intestinais e têm efeitos anti-inflamatórios). Essa disbiose afeta a produção de neurotransmissores no intestino (a maior parte da serotonina do corpo é produzida ali) e envia sinais inflamatórios ao cérebro, influenciando diretamente o humor, o comportamento e a cognição. A disbiose tem sido associada a quadros de ansiedade, depressão resistente ao tratamento, fadiga crônica, dificuldade de concentração e até mesmo ao "pensamento nebuloso" ou *brain fog* (sensação de confusão mental, dificuldade de concentração, perda de memória e falta de clareza nos pensamentos).

Pesquisas como a destacada na *Nature Reviews Immunology* (Miller & Raison, 2016) sublinham ainda mais o alcance sistêmico da inflamação induzida pelo estresse, mostrando que o estresse crônico compromete a regeneração dos nervos responsáveis pela sensibilidade após uma lesão periférica. Isso demonstra que o estresse e a inflamação associada não apenas afetam o cérebro e os órgãos internos, mas podem prejudicar a capacidade de cura do sistema nervoso periférico, impactando a recuperação de lesões físicas.

Em suma, o eixo HHA e a inflamação silenciosa são dois lados da mesma moeda da resposta crônica ao estresse. Eles operam em conjunto, desregulando a fisiologia do corpo e do cérebro, criando um ambiente interno que favorece a doença física e mental. Compreender esses mecanismos revela a profundidade biológica da conexão mente-corpo e demonstra por que ignorar o sofrimento emocional não é uma opção viável para quem busca saúde e bem-estar em longo prazo. O corpo, por meio desses sistemas, está denunciando a sobrecarga que a mente tentou silenciar.

Expandindo a ideia de que o corpo é a superfície em que a psique deixa suas inscrições, precisamos abordar um fenômeno particularmente poderoso e desafiador: a memória somática, especialmente aquela associada a experiências traumáticas. Quando vivenciamos um evento que sobrecarrega nossa capacidade de enfrentamento – um trauma –, a forma como essa experiência é registrada no cérebro e no corpo difere significativamente da memória narrativa comum. Não se trata de recordar os fatos em uma sequência lógica, como quem conta uma história. A memória somática é um tipo de "lembrança" que reside nas sensações físicas, nas posturas corporais, nos padrões de tensão muscular, nos estados fisiológicos (como ritmo cardíaco acelerado, respiração presa, suor frio) e em fragmentos sensoriais (imagens, sons, cheiros) que podem ressurgir no presente como se o evento traumático estivesse acontecendo novamente. O corpo, nesse contexto, "lembra" o que a mente, em sua tentativa de proteção, pode ter dissociado ou reprimido.

Por que o trauma leva à memória somática e não a uma memória narrativa coerente? Durante uma experiência avassaladora de ameaça, o cérebro entra em modo de sobrevivência. A energia e os recursos neurais são desviados para a resposta imediata de luta, fuga ou congelamento, em detrimento de funções como o processamento lógico, a contextualização e a integração de informações em uma linha do tempo coerente. A amígdala (radar de ameaças) e o tronco cerebral (centro das respostas fisiológicas básicas) tornam-se hiperativos, enquanto o hipocampo (essencial para formar memórias episódicas com contexto de tempo e lugar) e o córtex pré-frontal (responsável pela regulação emocional, planejamento e coerência narrativa) podem ficar hipoativos ou temporariamente "desconectados". Essa desconexão impede que a experiência seja devidamente "arquivada" como algo que *acabou*. Em vez disso, fragmentos sensoriais, emocionais e fisiológicos da experiência ficam "presos" em um estado bruto.

Estudos de neuroimagem funcional em indivíduos com transtorno de estresse pós-traumático (TEPT) confirmam essa assinatura neural: quando expostos a gatilhos relacionados ao trauma (um som, um cheiro, uma imagem que remete à situação), observamos uma hiperativação dramática da amígdala, indicando uma resposta de medo exagerada, e, ao mesmo tempo, uma hipoatividade do córtex pré-frontal medial e ventromedial, as áreas que normalmente ajudariam a inibir essa resposta de medo e a contextualizar a experiência como algo do passado. O hipocampo pode apresentar volume reduzido ou atividade alterada, dificultando a distinção entre a memória traumática e a realidade presente. Essa disfunção na comunicação entre as áreas de processamento de ameaças e as de regulação e contextualização explica os sintomas centrais do TEPT, como *flashbacks* (a sensação de reviver o trauma), hipervigilância constante, dificuldade de regular emoções intensas e a sensação de estar sempre em perigo.

É como se o corpo carregasse um manuscrito invisível, em que se sobrepõem camadas de experiências mal digeridas. A tensão crônica nos ombros pode ser a memória de um fardo excessivo carregado por anos, uma dor lombar inexplicável pode guardar a memória de sentir-se desapoiado, um maxilar constantemente apertado pode refletir a memória de palavras não ditas ou raiva reprimida. Essa memória somática influencia nossas reações no presente a partir de eventos antigos, criando padrões de resposta automatizados que dificultam a espontaneidade, a flexibilidade e o equilíbrio emocional. Um susto inofensivo (o barulho alto de uma buzina, por exemplo) pode desencadear no corpo uma resposta de congelamento ou pânico desproporcional, não porque o perigo seja real agora, mas porque o corpo está reagindo à memória da última vez que sentiu aquele nível de ativação em um contexto de ameaça avassaladora. É o corpo reagindo ao presente, com as cicatrizes do passado, antecipando dores que em nível narrativo já não existem, mas que seguem moldando os gestos, os silêncios e, sim, os sintomas físicos do agora.

Bessel van der Kolk, renomado psiquiatra e pesquisador de trauma, cunhou a frase que dá título ao seu influente livro: *O corpo guarda as marcas* (*The body keeps the score*). Seu trabalho, assim como o de Peter Levine, criador da *Somatic Experiencing*, e outros pioneiros na área de trauma somático, destaca que o trauma não é apenas um evento psicológico, é um evento *fisiológico* que desorganiza o sistema nervoso e deixa uma marca indelével no corpo. A cura, portanto, precisa necessariamente envolver o corpo.

Práticas de reintegração mente-corpo: cultivando a autorregulação parassimpática

Felizmente, a mesma neuroplasticidade que permite ao cérebro e ao corpo registrar as marcas do sofrimento e do trauma também oferece o caminho para a cura e a reintegração. O objetivo não é apagar a memória do evento (algo impossível e nem sempre desejável), mas reprocessar a memória somática associada a ele, permitindo que o sistema nervoso complete as respostas de defesa que foram "congeladas" ou interrompidas durante o trauma e aprenda que a segurança é possível *agora*.

As intervenções que promovem essa cura mente-corpo frequentemente atuam ativando e fortalecendo o sistema nervoso parassimpático (SNP) – o grande contraponto do sistema simpático de luta ou fuga. O SNP é o responsável pelo estado de "repouso e digestão", pela calma, pela conexão social e pela recuperação. Seu principal nervo é o nervo vago, o maior nervo craniano, que se estende do tronco cerebral até órgãos vitais, como coração, pulmões e sistema digestivo, até mesmo influenciando a expressão facial e a vocalização. O nervo vago funciona como uma via de mão dupla: envia sinais do cérebro para os órgãos e, crucialmente, *envia muito mais sinais dos órgãos (especialmente intestino e coração) de volta para o cérebro.*

Ele é um pilar da interocepção (nossa percepção das sensações internas do corpo) e um mediador fundamental da comunicação entre o corpo e as áreas cerebrais que regulam as emoções e o estresse.

Práticas que tonificam o nervo vago e ativam o SNP são poderosas ferramentas para restaurar o equilíbrio do sistema nervoso autônomo que foi desregulado pelo estresse crônico e pelo trauma:

- Respiração diafragmática lenta e profunda: uma das formas mais diretas e acessíveis de ativar o nervo vago. Respirar profunda e lentamente usando o diafragma (respirar com a barriga) envia sinais de segurança para o cérebro. A expansão abdominal e a leve compressão dos órgãos internos durante a respiração diafragmática massageiam o nervo vago, diminuindo a frequência cardíaca e aumentando a variabilidade da frequência cardíaca (VFC) - a variação natural no tempo entre os batimentos cardíacos. Uma alta VFC é marcador biológico de um sistema nervoso flexível e resiliente, capaz de se adaptar rapidamente entre os estados simpático e parassimpático. Treinar a respiração diafragmática melhora a VFC e fortalece o tônus vagal ao longo do tempo.
- *Mindfulness* e meditação (realizados de forma constante por determinado período): além de modular o CPF e a amígdala, práticas de atenção plena cultivam a interocepção. Isso é vital para processar memória somática, permite que o indivíduo sinta a tensão, o tremor, a sensação de ausência da ruminação do evento associada ao trauma em um ambiente seguro, sem ser retraumatizado ou sobrecarregado. A observação curiosa e compassiva das sensações corporais ajuda a integrar esses fragmentos somáticos, tornando-os menos avassaladores e reativos.
- Práticas somáticas e movimento consciente: terapias como *Somatic Experiencing* (SE), Trauma Release Exercises (TRE) ou abordagens baseadas em movimento, como a dança terapêutica e certos tipos de ioga, focam diretamente a liberação da energia traumática "congelada" no corpo. Elas utilizam o movimento, a sensação e, por vezes, tremores espontâneos (que são a forma natural de os mamíferos liberarem a energia de luta ou fuga que não foi completada) para ajudar o sistema nervoso a completar o ciclo de resposta ao estresse. Ao reconectar a mente com as sensações

corporais (propriocepção e interocepção), essas práticas ajudam a restaurar a capacidade do corpo de se autorregular, movendo-se fluidamente entre estados de alerta e relaxamento.

- Exercício físico rítmico e moderado: o exercício aeróbico, especialmente atividades rítmicas, como caminhar, correr ou nadar, pode ser uma forma poderosa de descarregar o excesso de energia simpática acumulada pelo estresse crônico e pelo trauma. Ele simula a resposta de fuga de uma forma controlada e segura, ajudando o corpo a completar o ciclo fisiológico de resposta ao perigo, o que pode reduzir a reatividade do sistema nervoso.
- Toque terapêutico e conexão social segura: o toque seguro e consentido (massagem, abraços) e a interação social positiva ativam a liberação de ocitocina e vasopressina, hormônios que promovem o vínculo social, reduzem o cortisol e ativam o SNP e o nervo vago. A sensação de segurança e conexão proporcionada por relacionamentos de apoio (incluindo a relação terapêutica) é um dos mais potentes antídotos para o estresse crônico e o trauma. O sistema nervoso social, mediado em parte pelo nervo vago (sua parte ventral, associada ao engajamento social seguro), é fundamental para a cura.
- Exposição ao frio (breve): a exposição aguda e breve ao frio (como um banho frio ou um mergulho em água fria) pode ser um estímulo estressor inicial que, com a prática regular, treina o nervo vago a se tornar mais ativo e eficiente em restaurar a calma depois do pico inicial. Isso melhora a resiliência do sistema nervoso autônomo.
- Vocalizações: cantar, cantarolar, gargarejar – atividades que envolvem os músculos da garganta – estimulam o nervo vago e podem aumentar o tônus vagal.

Essas práticas não são curas milagrosas, mas ferramentas ativas que o indivíduo pode utilizar para, deliberadamente, influenciar seu próprio sistema nervoso. Elas exigem repetição, paciência e consistência, pois visam reescrever padrões neurais e fisiológicos que foram estabelecidos ao longo do tempo. O objetivo não é eliminar o sintoma (que é a voz do corpo), mas ouvir o que ele tem a dizer e, em seguida, ajudar o sistema a processar e liberar a energia e a informação aprisionadas, restaurando a capacidade inata do organismo de se mover em direção ao equilíbrio e à cura – a autorregulação.

Ao cultivar a ativação do SNP, estamos enviando sinais de segurança para o cérebro, contrabalançando o estado de alerta crônico imposto pelo estresse e pelo trauma. Isso tem efeitos em cascata por todo o organismo: reduz a frequência cardíaca e a pressão arterial, melhora a digestão, diminui a inflamação e permite que o sistema imunológico funcione de forma mais equilibrada. Um estudo notável de pesquisadores da Harvard Medical School, de 2015, parte do Protocolo de Resposta ao Relaxamento, demonstrou que praticantes regulares de meditação e outras técnicas mente-corpo apresentaram uma redução significativa (até 43%) no uso de serviços médicos, indicando que a modulação autonômica consciente tem um impacto tangível na saúde física e na redução da carga da doença.

Essas intervenções de reintegração mente-corpo não substituem o tratamento médico convencional, nem a psicoterapia focada na narrativa, mas ampliam significativamente sua eficácia ao criar um terreno biológico mais receptivo à cura. Elas ajudam o corpo a sair do estado de guerra fisiológica, tornando o indivíduo mais capaz de se beneficiar de outras formas de tratamento e, crucialmente, de prevenir recaídas, restaurando a coerência e a comunicação entre o que se sente no corpo e o que se processa na mente. O caminho para curar a mente que silencia passa, inevitavelmente, por ouvir e reintegrar o corpo que fala.

Casos científicos concretos: evidências da conexão inseparável

A profunda interconexão entre a mente que sente, o corpo que reage e as experiências de vida que moldam essa dinâmica não são mais uma hipótese marginal, são uma realidade solidamente suportada por um corpo crescente de evidências científicas robustas. Pesquisas de ponta em campos como a genética, a neuroimagem, a imunologia e a endocrinologia fornecem casos científicos concretos que ilustram o poder do sofrimento psíquico e do estresse crônico de deixar marcas físicas e biológicas mensuráveis e, inversamente, o poder das intervenções mente-corpo de promover a saúde.

Um estudo significativo e frequentemente citado, publicado em 2004 na prestigiada revista *Proceedings of the National Academy of Sciences*, liderado pelas pesquisadoras Elissa Epel e Elizabeth Blackburn (esta última laureada com o Prêmio Nobel por seu trabalho com telômeros), forneceu uma evidência impactante do efeito do estresse psicológico no nível mais fundamental da nossa biologia celular: os telômeros. Telômeros são sequências repetitivas de DNA localizadas nas extremidades dos nossos cromossomos, funcionando como capas protetoras que impedem o desgaste ou a fusão do DNA durante a divisão celular. Eles encurtam naturalmente com a idade, sendo, assim, um marcador do envelhecimento celular. O estudo comparou mães que cuidavam de filhos com doenças crônicas (um grupo sob alto estresse crônico) com mães de crianças saudáveis. As descobertas foram notáveis: as mulheres com altos níveis de estresse percebido – a sensação subjetiva de quão estressante a vida é – apresentavam telômeros significativamente mais curtos em suas células imunológicas do que as mães com menor estresse percebido, apesar de terem a mesma idade cronológica. Isso sugeriu fortemente que o estresse psicológico crônico pode acelerar o envelhecimento celular biológico em até uma década. Estudos como o de Zalli *et al.* (2014) têm reforçado esses achados, associando outros fatores psicossociais adversos, como hostilidade, pessimismo e baixa resiliência emocional, a telômeros mais curtos em diversas populações, consolidando a ideia de que nossa qualidade de vida emocional impacta diretamente a longevidade e a saúde celular, conferindo uma nova urgência ao manejo eficaz do estresse.

Na área da saúde mental populacional, estudos longitudinais de larga escala fornecem evidências poderosas da ligação entre estresse crônico e o risco de desenvolver transtornos psiquiátricos. Em 2009, uma publicação nesse sentido foi realizada no periódico *Depression and Anxiety*, que analisou de forma específica a influência do estresse crônico em mulheres adultas. Os pesquisadores acompanharam 816 mulheres adultas ao longo de uma década, avaliando tanto o estresse crônico, isto é, aquelas situações persistentes, como conflitos familiares, dificuldades no trabalho ou problemas financeiros, quanto eventos agudos, como perdas repentinas ou crises inesperadas. Os resultados mostraram que mulheres submetidas a altos níveis de estresse constante tinham maior probabilidade de desenvolver episódios de depressão maior, mesmo quando não passavam por acontecimentos negativos recentes. Além disso, o estudo revelou que o estresse contínuo tende a potencializar o efeito de novos eventos ruins, tornando a pessoa ainda mais vulnerável à depressão.

A neurociência, utilizando ferramentas de neuroimagem, tem desvendado as alterações cerebrais subjacentes ao impacto do estresse e do trauma. Um artigo publicado na *Frontiers in System Neuroscience* em 2017, por exemplo, demonstrou que traumas precoces na infância apresentavam padrões distintos de conectividade cerebral: especificamente, uma menor conectividade funcional entre o córtex pré-frontal medial (CPFM) – uma área envolvida na regulação emocional, na autoconsciência e no processamento contextual – e a amígdala (o centro de medo e ameaça). Essa desconexão funcional entre a área que deveria inibir uma resposta de medo exagerada e a área que a gera foi correlacionada com maior reatividade emocional e sintomas persistentes de ansiedade e disforia na vida adulta. Outros estudos mais recentes, como o de Marusak *et al.* (2015), corroboram esses achados em populações mais jovens, identificando que crianças expostas a adversidades crônicas mostram padrões persistentes de desconexão entre redes cerebrais que regulam a atenção, o controle inibitório e a percepção do eu. Esses dados fornecem uma base neural concreta para a ideia de que experiências adversas precoces não são apenas psicológicas, elas comprometem a arquitetura funcional do cérebro em desenvolvimento, moldando a forma como o indivíduo processa as emoções, interpreta o mundo e se relaciona consigo mesmo ao longo da vida.

Em casos de TEPT, a neurociência nos ofereceu algumas das imagens mais claras do impacto duradouro do trauma no cérebro. Estudos com veteranos de combate ou outras populações afetadas por TEPT, incluindo pesquisas do National Center de TEPT nos Estados Unidos, têm consistentemente demonstrado reduções no volume do hipocampo. Essa atrofia compromete a memória contextual (a capacidade de distinguir entre "aqui e agora" e "lá e então"), contribuindo para os *flashbacks* (a sensação vívida de reviver o trauma como se estivesse acontecendo no presente) e a hipervigilância (o estado constante de alerta para o perigo). A combinação de um hipocampo atrofiado com uma amígdala hiperativa cria um círculo vicioso em que o cérebro reage como se o trauma ainda estivesse em curso, mesmo em ambientes seguros. Adicionalmente, a pesquisa mostra uma desconexão funcional entre o hipocampo e o córtex pré-frontal, prejudicando a capacidade de integrar a experiência traumática em uma narrativa coerente e de regular as fortes respostas emocionais, o que contribui para os sintomas dissociativos – a sensação de desconexão da própria experiência ou do corpo – observados em muitos casos de TEPT. Crucialmente, estudos que investigam intervenções para TEPT (como psicoterapia baseada em trauma, EMDR e terapias somáticas) estão começando a mostrar que essas alterações cerebrais não são necessariamente permanentes; intervenções eficazes podem promover neuroplasticidade e restaurar parcial ou totalmente o volume do hipocampo e a conectividade funcional entre as áreas cerebrais envolvidas na regulação do medo e do estresse, oferecendo uma base neural para a recuperação.

Esses casos científicos – das pontas dos nossos cromossomos às complexas redes do nosso cérebro – fornecem uma base empírica inegável para a hipótese central deste capítulo: o estresse crônico e o trauma não são apenas eventos psicossociais com impacto biológico, eles são agentes biológicos ativos que modificam nossa fisiologia em múltiplos níveis – neural, imunológico, endócrino e até epigenético (alterações na expressão gênica que podem ser duradouras e até herdadas). A ciência hoje abandona a ilusão da dicotomia mente-corpo: a dor emocional *escaneia* o cérebro, *modela* a resposta imunológica, *altera* o metabolismo e, frequentemente, *prepara* o terreno para uma vasta gama de doenças crônicas. Exames de ressonância magnética funcional mostrando conectividade alterada, estudos com biomarcadores inflamatórios elevados (como PCR e IL-6) em pessoas sob estresse e pesquisas epigenéticas que identificam assinaturas moleculares de experiências adversas convergem para demonstrar que nossos estados mentais e nossas histórias de vida têm efeitos diretos, mensuráveis e duradouros sobre a fisiologia do nosso organismo. A inflamação, o envelhecimento celular acelerado, a neurodegeneração (em alguns casos) e a vulnerabilidade imunológica não são meros subprodutos aleatórios do acaso. Eles são, em muitos aspectos, respostas adaptativas malsucedidas a um ambiente interno e externo persistentemente desorganizado. A abordagem integrativa da saúde – aquela que vê a mente e o corpo como um sistema unificado e inseparável – não é, portanto, uma moda ou um luxo contemporâneo, é uma urgência clínica e existencial imposta pela própria evidência científica, sustentada pela necessidade imperativa de restaurar a comunicação e a coerência entre o que sentimos, o que pensamos e como vivemos no nosso corpo.

Do sintoma ao sentido – uma nova linguagem para a saúde

Quando o corpo fala através de sintomas, ele não está apenas manifestando um defeito a ser silenciado ou consertado mecanicamente, ele está nos enviando uma mensagem, clamando por reconexão, por escuta atenta, por um espaço em que essa linguagem silenciosa possa finalmente ser traduzida e integrada antes que o colapso se instale. A doença, nessa perspectiva, pode ser lida não apenas como um infortúnio biológico, mas como uma metáfora somática: uma linguagem fisiológica crua que emerge quando as outras formas de expressão – palavras, emoções, gestos, vínculos – falham ou são reprimidas. Ela é o subtexto doloroso de uma existência que se desconectou de seu eixo vital, de sua coerência interna. Se aprendermos a escutar os sinais do corpo com a humildade do aprendiz, com a curiosidade do explorador e sem o julgamento apressado que aprendemos com modelos obsoletos, talvez descubramos que não estamos doentes apenas de cansaço físico ou de falhas bioquímicas isoladas, mas também de uma espécie de abandono existencial – um abandono de nós mesmos, do nosso ritmo interno mais profundo, dos nossos verdadeiros sentimentos e de uma presença afetiva e autoconsciente que é a única capaz de dar sentido e vitalidade ao cotidiano.

Essa escuta atenta e intencional do corpo, cultivada por meio das práticas de reintegração mente-corpo e de uma nova forma de se relacionar com a própria experiência, pode ser o início de uma nova alfabetização emocional e somática. É uma forma de compreender o sofrimento – seja ele um sintoma físico persistente ou uma angústia psíquica – não como um inimigo a ser erradicado a qualquer custo, mas como um convite urgente à reintegração do que foi separado, negado, esquecido ou fragmentado pela vida e pelo trauma.

Diante da vasta e crescente evidência científica que comprova a inseparabilidade entre mente e corpo, torna-se não apenas desejável, mas urgente, redefinir o que entendemos por saúde. Saúde, nesse novo paradigma, é muito mais do que a mera ausência de doença ou a capacidade de um corpo funcionar como uma máquina de alta produtividade. Saúde é presença lúcida. É a arte e a prática de habitar o próprio corpo com uma escuta compassiva e curiosa, de nutrir uma mente que escolhe sustentar pensamentos que não a adoeçam e de cultivar relações e ambientes que genuinamente nos alimentem e nos apoiem em nossa integralidade. Saúde é a busca ativa e a manutenção de uma coerência profunda entre o que sentimos, o que pensamos e como vivemos – um alinhamento que, como a neurociência do estresse e do sentido nos mostra, tem benefícios biológicos tangíveis e duradouros. É também a coragem, em uma era que idolatra o desempenho implacável e a conexão digital, de desacelerar e permitir-se simplesmente *ser* e *sentir*, e a disposição de silenciar o ruído externo o suficiente para ouvir o que realmente importa: a linguagem sutil, mas persistente e sábia, da alma que ainda pulsa sob as camadas do automatismo cotidiano e das defesas construídas.

Os capítulos que se seguem a este mergulharão mais fundo nos caminhos de reconexão entre mente e corpo, ciência e sabedoria interna, célula e consciência. Exploraremos as pontes que há tempos foram fragmentadas por paradigmas que dissociaram razão e sensibilidade, biologia e afeto, análise intelectual e presença encarnada. Investigaremos, com a lente combinada da neurociência e da prática clínica integrativa, como as emoções – e a forma como as processamos – podem modular a expressão dos nossos genes (epigenética), como o silêncio intencional e a calma parassimpática podem regular a inflamação crônica no corpo e no cérebro e como a busca por sentido – mesmo em suas formas mais laicas ou pessoais – oferece mapas biológicos e existenciais cruciais para navegar o caos e o sofrimento da vida. Porque talvez, no fim das contas, o maior avanço da medicina e da ciência da saúde na era contemporânea não esteja em descobrir o próximo medicamento revolucionário ou a tecnologia mais sofisticada, mas em lembrar e reaprender que ouvir o corpo – com suas dores, seus silêncios, seus sussurros – é, por si só, um ato fundamental de cura, um gesto de reconciliação com a nossa própria natureza integral e o primeiro passo essencial para habitar plenamente a complexidade maravilhosa do ser que sente, pensa e vive.

Capítulo 2

O CÉREBRO QUE SENTE: ENTRE REDES, RITUAIS E REAÇÕES

Não vemos o mundo como ele é, mas como somos.
Anaïs Nin

É no cérebro que o sofrimento se transforma em narrativa. É nele que as emoções adquirem forma, que a identidade se organiza em camadas e que aquilo que chamamos de "eu" se sustenta – ou se rompe. Muito além de um conjunto de células interligadas, o cérebro é um sistema dinâmico que interpreta o mundo, simula futuros possíveis, registra passados incompletos e, sobretudo, sente. Essa capacidade de sentir é o que nos humaniza, mas que também nos fragiliza.

Nos últimos anos, a neurociência tem deslocado o foco do cérebro puramente cognitivo para uma compreensão mais integrada – aquela que considera o afeto um componente estruturante da mente, e não um subproduto. De acordo com estudos de neuroimagem funcional, áreas como a amígdala, o córtex cingulado anterior e o córtex pré-frontal ventromedial não apenas reagem às emoções, mas as moldam. Emoções não são apenas respostas: são construções cognitivas e biológicas que se repetem até que se tornam traços de personalidade.

Ao longo do desenvolvimento, essas redes emocionais se consolidam como circuitos de sobrevivência. Mas quando a emoção se cristaliza, ela se torna estrutura – e estruturas mentais podem ser tão rígidas quanto traumas mal resolvidos. Uma tristeza momentânea vira anedonia. Um medo específico vira pânico generalizado. Um cuidado excessivo vira compulsão. E assim o cérebro, com sua incrível capacidade de adaptação, pode paradoxalmente construir prisões, com os mesmos tijolos neurais que deveriam servir de ponte para a empatia, o afeto, a compaixão. A reatividade emocional, quando desregulada, vira rigidez.

Redes neurais: a cartografia da dor emocional e suas reações biológicas profundas

Talvez uma das descobertas mais impactantes e humanizadoras da neurociência afetiva contemporânea seja a constatação irrefutável de que a dor psíquica – aquela angústia profunda causada pela perda, por rejeição, humilhação ou isolamento – não é uma mera construção metafórica ou uma invenção da mente fraca. Ela é, em sua experiência subjetiva e em sua base neural objetiva, tão real e impactante quanto a dor física mais aguda. Essa verdade neurológica, comprovada por rigorosos experimentos de neuroimagem, especialmente a ressonância magnética funcional (RMF), revoluciona nossa compreensão do sofrimento e sua legitimidade.

Em estudos clássicos que compararam a atividade cerebral durante a aplicação de estímulos físicos dolorosos (como calor moderado na pele) e estímulos indutores de dor social (como ser excluído de um jogo virtual ou receber *feedback* negativo de pessoas queridas), os pesquisadores observaram uma notável sobreposição na ativação de um conjunto específico de regiões cerebrais. Essa rede, frequentemente referida como a "matriz da dor" ou "circuitos da dor afetiva/social", inclui componentes cruciais:

- Córtex cingulado anterior dorsal (CCAd): localizado na parte frontal e superior do córtex cingulado, essa área é um centro nevrálgico para a detecção de conflitos, erros, discrepâncias e, crucialmente, para o componente de angústia e sofrimento associado à dor. Ele não processa a *sensação* da dor, mas *quanto* ela nos incomoda, *quanto* ela "machuca" em um sentido mais profundo, seja essa dor vinda de uma batida no joelho ou de uma palavra cruel. No contexto social, o CCAd se ativa intensamente diante da exclusão, refletindo a dor de perceber uma desconexão ou uma violação das expectativas sociais.

- Ínsula anterior (IA): essa região, escondida nas profundezas do sulco lateral do cérebro, é fundamental para a consciência interoceptiva – a percepção do estado interno do corpo. A IA integra sinais sensoriais de todo o organismo (ritmo cardíaco, respiração, temperatura, dor física) com informações emocionais. Ela nos permite *sentir* nossas emoções no corpo e nos dá a sensação subjetiva de "sentir-se mal" ou "sentir-se bem". Na dor, seja ela física ou social, a ínsula anterior é crucial para a experiência subjetiva e visceral do sofrimento. Ela transforma o sinal neural bruto em uma sensação consciente e desagradável que associamos à dor ou à angústia.
- Córtex somatossensorial secundário (CSS): embora o córtex somatossensorial primário esteja mais ligado à *localização* e à *intensidade* da dor física (onde dói e quanto dói), o CSS, juntamente com outras áreas parietais, parece estar envolvido no processamento mais complexo da dor, incluindo a integração sensorial e talvez um aspecto mais global da sensação. A ativação dessa área na dor social sugere que o cérebro pode estar, de alguma forma, mapeando ou registrando o impacto da experiência social negativa em um nível quase corporal ou de sensação, mesmo na ausência de dano tecidual real.

Essa sobreposição neural não é um acidente evolutivo, é uma evidência poderosa de que, para a sobrevivência da espécie humana – uma espécie intrinsecamente social –, a conexão social é tão vital quanto a integridade física. Ser rejeitado ou excluído no ambiente ancestral poderia significar a perda de proteção, de recursos e de apoio, representando uma ameaça existencial comparável à de um ferimento físico grave. Portanto, o cérebro evoluiu para emitir um sinal de alarme primário e potente diante de ameaças sociais, utilizando a mesma linguagem neural da dor física para garantir que essas ameaças fossem levadas a sério e evitadas no futuro.

O cérebro que espera o pior: adaptando-se ao sofrimento

A validação neurológica da dor psíquica acarreta uma implicação crítica: se essa dor ativa os sistemas de alarme biológico, sua ativação crônica ou intensa desencadeia reações biológicas de amplo espectro, com consequências devastadoras para a saúde física e mental. Quando a dor emocional – seja ela fruto de um trauma, de uma perda prolongada, de estresse crônico ou de uma condição de saúde mental não tratada – torna-se um estado persistente, o corpo e o cérebro entram em um modo de alerta contínuo que, em longo prazo, é profundamente desregulador.

Uma das primeiras e mais impactantes reações é a desregulação do eixo HHA, que já analisamos anteriormente. Diante dessa cascata de reações biológicas, o cérebro não permanece passivo. Em sua busca implacável por eficiência e sobrevivência, ele se adapta ao ambiente interno de estresse e dor crônica. Essa adaptação paradoxal pode levar a um estado em que o cérebro se torna, em essência, "competente" no sofrimento ou, mais precisamente, otimizado para detectar e reagir a ameaças.

Essa "competência" manifesta-se de várias formas neurais e comportamentais:

- Hipersensibilidade a ameaças: as redes de detecção de ameaças, centradas na amígdala, tornam-se hiper-reativas, como já mencionado anteriormente. Estímulos neutros podem ser interpretados como perigosos e pequenas adversidades provocam respostas emocionais exageradas. O cérebro opera em um estado de hipervigilância, constantemente escaneando o ambiente (interno e externo) em busca de sinais de perigo, reforçando a sensação de insegurança e ansiedade.
- Viés atencional negativo: a atenção se concentra seletivamente em informações negativas. Pessoas com dor emocional crônica (como na depressão ou em transtornos de ansiedade) tendem a notar e a se deter mais em rostos zangados, palavras negativas ou eventos perturbadores, enquanto filtram informações positivas ou neutras. Circuitos pré-frontais que normalmente regulariam essa atenção são enfraquecidos.

- Ruminação e preocupação crônica: as redes neurais envolvidas no pensamento autorreferencial e na antecipação de cenários futuros, como a rede de modo padrão – RMP (ou, em inglês, *Default Mode Network*) – e o córtex pré-frontal medial, podem se tornar hiperconectadas e voltadas para dentro, gerando ciclos intermináveis de ruminação sobre o passado e preocupação ansiosa sobre o futuro. O cérebro fica preso a padrões de pensamento negativo que reforçam o sofrimento.
- Redução da capacidade de sentir prazer (anedonia): a ativação crônica dos sistemas de estresse e a desregulação dos circuitos de recompensa (dopaminérgicos, envolvendo áreas como o núcleo accumbens) levam a uma diminuição da capacidade de experimentar prazer ou motivação. O cérebro para de registrar e reforçar experiências positivas, tornando a busca por atividades prazerosas sem sentido.
- Automatização de respostas defensivas: com a repetição da dor emocional e do estresse, as respostas de luta, fuga ou congelamento podem se tornar automáticas, sendo acionadas mesmo em situações seguras. Isso se reflete em comportamentos de evitação, isolamento social, reatividade explosiva ou paralisia diante de desafios mínimos. As vias neurais para essas reações defensivas são fortalecidas pela prática não intencional (a prática do sofrimento).

Em essência, quando a dor psíquica se torna crônica, o cérebro, em sua plasticidade adaptativa, reconfigura-se para funcionar *melhor* nesse estado de dor e ameaça percebida. Ele desenvolve uma tolerância à infelicidade como seu "novo normal", desvaloriza sinais de segurança e bem-estar e prepara o corpo para reagir a um perigo que a mente (consciente) pode até saber que não está presente, mas que o cérebro (inconsciente e emocional) insiste em antecipar.

É o início de uma batalha interna em que as reações biológicas e emocionais automatizadas se opõem ao desejo consciente de bem-estar e paz. Compreender essa cartografia da dor e suas reações biológicas é o primeiro passo crucial para reconhecer a seriedade do sofrimento emocional e a necessidade urgente de intervenção e cuidado.

A plasticidade emocional: rituais de reescritura cerebral e a agência da mudança

Se a seção anterior nos mostrou a dura realidade de que o cérebro pode aprender a sofrer, criando redes que aprisionam em vez de libertar, esta seção traz a contraparte essencial e esperançosa: o cérebro, pela mesma capacidade de adaptação, pode aprender a se curar, a regular suas reações e a construir novos caminhos para o bem-estar. Esse é o cerne da neuroplasticidade, um conceito que revolucionou a neurociência nas últimas décadas, derrubando a antiga crença de que o cérebro adulto era uma estrutura fixa e imutável.

A neuroplasticidade não é um conceito único, mas um termo guarda-chuva que descreve a notável capacidade do cérebro se reorganizar estrutural e funcionalmente ao longo da vida em resposta à experiência. Em sua essência, significa que as conexões neurais não são fixas, elas podem ser fortalecidas, enfraquecidas, alteradas ou até mesmo criadas ou eliminadas. Essa maleabilidade opera em diversos níveis:

- Plasticidade sináptica: esse talvez seja o nível mais fundamental. As sinapses, as minúsculas fendas em que um neurônio se comunica com outro liberando neurotransmissores, são incrivelmente dinâmicas. Sua *eficiência* pode mudar. A repetição de um sinal neural através de uma sinapse pode torná-la mais forte e responsiva no futuro (um processo conhecido como potenciação de longo prazo – PLP), facilitando a passagem da informação. Inversamente, a falta de uso ou a estimulação persistente e não coordenada pode enfraquecer a sinapse (depressão de longo prazo – DLP). A famosa máxima "neurônios que disparam juntos se conectam juntos" ("*neurons that fire together, wire together*") resume a LTP: a ativação coordenada de neurônios fortalece suas sinapses. No contexto emocional, isso significa que quanto mais vezes vivenciamos algo e reagimos de certa maneira (medo, raiva, alegria), mais fortes se tornam as sinapses nas redes neurais subjacentes a essa experiência e à respectiva reação, tornando-a mais provável no futuro. O sofrimento crônico fortalece as sinapses das redes da dor, a prática da gratidão fortalece as sinapses das redes de recompensa e bem-estar.

- Plasticidade estrutural: essa forma de plasticidade envolve mudanças físicas no cérebro. Os neurônios podem estender ou retrair seus dendritos (as "antenas" que recebem sinais) e axônios (os "cabos" que transmitem sinais), criando novas sinapses (sinaptogênese) ou eliminando as existentes (poda sináptica). Em algumas áreas do cérebro adulto, como o hipocampo, novas células cerebrais (neurônios) podem até ser geradas a partir de células-tronco neurais, em um processo chamado neurogênese. A plasticidade estrutural pode levar a aumento ou diminuição no volume de certas regiões cerebrais, refletindo o aumento ou a diminuição da densidade de neurônios, sinapses ou outras células de suporte (glia). Por exemplo, estudos mostraram que o aprendizado de novas habilidades ou experiências intensas podem levar a aumento na substância cinzenta em áreas relevantes.
- Plasticidade funcional: ocorre quando o cérebro muda a forma como processa as informações, redirecionando a atividade para diferentes circuitos ou recrutando novas áreas para realizar uma tarefa. Após uma lesão cerebral, por exemplo, áreas saudáveis podem assumir funções que antes eram desempenhadas pelas áreas danificadas. Em um contexto emocional, isso pode envolver o fortalecimento da influência de áreas reguladoras (como o córtex pré-frontal) sobre áreas reativas (como a amígdala) ou o desenvolvimento de novas estratégias cognitivas para lidar com gatilhos emocionais, utilizando diferentes redes neurais.

Rituais: arquitetos intencionais da neuroplasticidade emocional

Compreender a neuroplasticidade é fundamental, mas a pergunta crucial é: como podemos *direcionar* essa maleabilidade para a cura e o bem-estar? A resposta reside na experiência – especificamente na experiência *intencional e repetida*. É aqui que entram os rituais.

Nesse contexto, "rituais" não se limitam a cerimônias religiosas, embora estas possam ser poderosas. Rituais são práticas estruturadas, realizadas com intenção e, crucialmente, com regularidade, que visam moldar o estado interno, o comportamento e a experiência do indivíduo. A repetição inerente aos rituais é o motor que impulsiona a plasticidade sináptica, enquanto a intenção e o foco direcionam a plasticidade estrutural e funcional para as redes neurais desejadas.

Numerosas práticas que antes eram vistas puramente através de lentes psicológicas ou espirituais agora revelam seus profundos efeitos neurobiológicos:

- Práticas de *mindfulness* e meditação: a meditação regular, seja focada na respiração, em sensações corporais ou na compaixão, é um dos exemplos mais estudados de como a prática intencional remodela o cérebro emocional. Estudos de neuroimagem comparando meditadores experientes com novatos mostraram:
  - Redução da ativação da amígdala: o "radar" de ameaças se torna menos reativo a estímulos negativos.
  - Aumento da ativação e do volume do córtex pré-frontal (CPF): particularmente nas áreas associadas à atenção, tomada de decisão e regulação emocional (como o CPF dorsolateral e ventromedial). Isso sugere um fortalecimento da capacidade de observar as emoções sem ser dominado por elas e de escolher respostas mais adaptativas.
  - Mudanças na conectividade funcional: observa-se um aumento na conexão entre o CPF e a amígdala, indicando um controle *top-down* (do córtex pensante para o centro emocional) mais eficaz. Simultaneamente, a conectividade dentro da RMP, frequentemente hiperativa na ruminação, pode diminuir, reduzindo a tendência a ficar preso a pensamentos autorreferenciais negativos.
  - Aumento no volume do hipocampo: regiões do hipocampo associadas à regulação emocional e à memória contextual parecem aumentar de volume com a prática regular, possivelmente refletindo neurogênese e plasticidade sináptica, o que ajuda a contextualizar experiências passadas e a reduzir a reatividade ao estresse.
- Psicoterapia (como terapia cognitivo-comportamental – TCC): embora envolva diálogo, o *processo* terapêutico é um ritual de reestruturação cognitiva e emocional. A TCC, por exemplo, encoraja

a *prática repetida* de identificar pensamentos distorcidos, desafiar suas premissas e substituí-los por alternativas mais realistas e adaptativas. Essa "prática mental" intencional enfraquece as vias neurais associadas a padrões de pensamento negativo (LTD) e fortalece as vias para pensamentos mais equilibrados (LTP), engajando o CPF e modificando a resposta das áreas emocionais. A reestruturação cognitiva é, em essência, um processo de neuroplasticidade guiado.

- *Journaling* estruturado e narrativa terapêutica: o ato de escrever sobre experiências emocionais, especialmente de forma reflexiva e buscando dar sentido a elas, pode ser um poderoso ritual de processamento. A escrita engaja o córtex pré-frontal na organização de pensamentos e sentimentos, ajudando a mover a atividade de regiões mais reativas para áreas mais integrativas. Criar uma narrativa coerente sobre um evento traumático, por exemplo, ajuda o cérebro a processá-lo de uma forma que reduz sua capacidade de desencadear respostas de estresse desreguladas, fortalecendo as conexões entre o CPF, o hipocampo e a amígdala de forma mais adaptativa. É um ritual de organização interna que promove a plasticidade.
- Práticas de movimento rítmico e exercício físico: atividades como dança, ioga, corrida rítmica ou simplesmente caminhadas regulares não são apenas boas para o corpo, são rituais poderosos para o cérebro emocional. O exercício aumenta a produção de fator neurotrófico derivado do cérebro, uma molécula crucial que age como um fertilizante para o cérebro, promovendo a neurogênese, a sinaptogênese e a sobrevivência neuronal (pilares da plasticidade). O movimento rítmico também pode modular sistemas de neurotransmissores, como a serotonina e a dopamina, melhorando o humor e a motivação.
- Rituais de conexão social: participar ativamente de interações sociais positivas, rituais familiares ou comunitários (refeições compartilhadas, celebrações, apoio mútuo) fortalece as redes neurais associadas a afiliação, confiança e recompensa social. Essas interações liberam neuroquímicos, como a oxitocina e a vasopressina, que promovem vínculos e reduzem a reatividade ao estresse, atuando como poderosos amortecedores contra a dor social e fortalecendo a plasticidade pró-social.

A sinergia entre a sabedoria ancestral e a ciência moderna mostra-se inegável. Muitas tradições contemplativas e terapêuticas desenvolveram, ao longo dos séculos, práticas que, sem que se soubesse a neurobiologia por trás, estavam efetivamente utilizando os princípios da neuroplasticidade para cultivar estados mentais mais resilientes e compassivos. A repetição de um mantra não é apenas um ato de fé, é um foco atencional repetido que pode acalmar a RMP e modular o CPF. A confissão e o pedido de perdão, dentro de um contexto seguro, podem ser rituais de reprocessamento emocional que reconfiguram a culpa e a vergonha no cérebro. O silêncio ritualizado ou a contemplação da natureza promovem estados de relaxamento que ativam o sistema nervoso parassimpático, oposto ao sistema de luta ou fuga, e podem influenciar a neuroquímica do estresse.

Talvez a lição mais profunda da neuroplasticidade emocional seja a de que somos agentes da nossa própria transformação. Não somos prisioneiros perpétuos de nossas experiências passadas ou de nossas configurações neurais iniciais. Embora a dor e o trauma deixem marcas reais nas redes neurais, o cérebro tem a notável capacidade de se reestruturar. No entanto, essa reestruturação não acontece por si só. Ela exige esforço intencional, prática deliberada e repetição consistente – os elementos centrais dos rituais de cura e crescimento. São essas práticas conscientes que direcionam o poder inerente da neuroplasticidade para a reescritura da história gravada em nossos circuitos cerebrais, transformando as prisões em pontes e as reações automáticas em respostas mais conscientes e adaptativas. A plasticidade oferece a *possibilidade*, os rituais fornecem o *método* para tornar essa possibilidade uma realidade vivida.

O sentido como eixo biológico de saúde: quando viver é mais do que sobreviver – uma perspectiva neural

Viktor Frankl, o psiquiatra e neurologista austríaco que transformou sua terrível experiência nos campos de concentração em um profundo legado sobre a condição humana, proferiu uma verdade que ressoa através das décadas: "Quem tem um porquê enfrenta qualquer como". Ele observou que a capacidade de suportar o sofrimento inimaginável frequentemente dependia de encontrar um resquício de propósito, uma razão para continuar, mesmo nas circunstâncias mais desesperadoras. O que Frankl intuía a partir da observação clínica e da vivência extrema, a neurociência contemporânea tem revelado com uma clareza impressionante em nível molecular, celular e de redes cerebrais. O sentimento de ter um propósito ou um significado na vida não é apenas um constructo psicológico ou filosófico, ele é um poderoso regulador biológico, com implicações diretas para a saúde do nosso cérebro e do nosso corpo.

A busca e a experiência de sentido ativam e modulam circuitos neurais específicos que são fundamentais para a motivação, a regulação emocional e a resiliência. As pesquisas em neuroimagem funcional demonstram consistentemente que o engajamento em atividades percebidas como significativas, a reflexão sobre valores pessoais ou a consideração de objetivos de longo prazo que transcendem o prazer imediato ativam áreas-chave do sistema de recompensa e motivação do cérebro, incluindo:

- O núcleo accumbens e o estriado ventral: essas são regiões centrais do sistema de recompensa dopaminérgico. Tradicionalmente associadas ao processamento de recompensas primárias (comida, sexo) e secundárias (dinheiro), essas áreas também respondem à antecipação e à obtenção de recompensas mais abstratas, como a satisfação de progredir em direção a um objetivo significativo ou a sensação de contribuir para algo maior. O sentido parece ativar esse sistema, fornecendo uma forma de recompensa intrínseca que sustenta o esforço e a persistência, mesmo diante de adversidades. É como se o cérebro registrasse o valor de um propósito em sua moeda neural de recompensa.
- O córtex orbitofrontal (COF) e o córtex pré-frontal medial (CPFM): localizados na parte frontal do cérebro, o COF e o CPFM estão envolvidos na avaliação do valor das diferentes opções, na tomada de decisão baseada em metas e na integração de informações emocionais com processos cognitivos. Eles ajudam a atribuir valor subjetivo às experiências e a pesar as consequências de diferentes ações em relação aos objetivos de longo prazo. Um forte senso de propósito parece orientar a atividade dessas áreas, fornecendo um critério de avaliação que prioriza ações alinhadas com os valores e objetivos de significado, tornando a tomada de decisão mais coerente e menos suscetível a impulsos de curto prazo ou reatividade emocional. O CPFM, em particular, também

faz parte da RMP, e seu engajamento em processos relacionados ao sentido sugere uma forma mais adaptativa de pensamento autorreferencial – não focado na ruminação de problemas, mas na integração da identidade com objetivos e valores.

- Conexões com a amígdala e o córtex cingulado anterior: através de suas conexões com as áreas emocionais, o CPF engajado pelo propósito parece exercer uma influência reguladora. Ter um "porquê" pode fornecer um quadro de referência que ajuda a modular a resposta a ameaças e reveses. Desafios que de outra forma seriam esmagadores podem ser recontextualizados como obstáculos a serem superados no caminho rumo a um objetivo maior, reduzindo a ativação da amígdala e a angústia do CCAd. O sentido atua como um amortecedor neural e psicológico contra o estresse e a dor.

A fisiologia da ausência de sentido: um estado de baixa energia e vulnerabilidade

Se o sentido ativa sistemas de vitalidade e resiliência, a ausência dele – a sensação de vazio pela falta de propósito, a desconexão de valores ou de objetivos significativos – tem um impacto igualmente profundo, mas negativo, na biologia do cérebro e do corpo. O cérebro, órgão que busca padrões, significado e coerência, responde à falta de um "porquê" com um estado de baixa energia motivacional e aumento da vulnerabilidade.

Em nível neural, a ausência crônica de propósito está associada a:

- Retração do córtex pré-frontal: o CPF, que depende da motivação direcionada a objetivos para funcionar otimamente, pode mostrar atividade reduzida ou até mesmo diminuição de volume. Isso se traduz em apatia, dificuldade de iniciar ou sustentar comportamentos direcionados a metas, prejuízos no planejamento e na resolução de problemas e uma capacidade menor de regular emoções complexas.
- Dessensibilização do sistema de recompensa: a falta de fontes intrínsecas de recompensa provenientes do propósito pode levar a uma desregulação ou dessensibilização dos circuitos

dopaminérgicos. Isso contribui diretamente para a anedonia e a falta de motivação, sintomas centrais de condições como a depressão, que frequentemente coexiste com a crise existencial ou a perda de sentido. O cérebro deixa de perceber o valor nas atividades, criando um círculo vicioso de inatividade e vazio.

- Alterações no hipocampo: o estresse crônico frequentemente associado à falta de sentido (pois a ausência de propósito em si é um estressor) pode levar à atrofia do hipocampo, prejudicando a memória, o aprendizado e a capacidade de contextualizar experiências emocionais, perpetuando um ciclo de reatividade e dificuldade de se recuperar de adversidades.

As consequências da falta de sentido se estendem para além do cérebro, desencadeando uma cascata fisiológica prejudicial. Como vimos anteriormente, estudos demonstram correlações robustas entre baixo senso de propósito e marcadores de saúde deteriorada, incluindo:

- Aumento da inflamação sistêmica: a sensação crônica de falta de controle, isolamento ou desalento associada à ausência de sentido ativa a resposta ao estresse crônico e a liberação de citocinas pró-inflamatórias. Essa inflamação de baixo grau e persistente está ligada a uma vasta gama de doenças crônicas, desde cardiovasculares e diabetes até certos tipos de câncer e doenças neurodegenerativas.
- Desregulação endócrina e imunológica: a ativação crônica do eixo HHA e outras vias de estresse prejudica o equilíbrio hormonal e compromete a função do sistema imunológico, tornando o indivíduo mais suscetível a infecções e doenças autoimunes.
- Aceleração do envelhecimento celular: a carga alostática (o desgaste acumulado no corpo devido ao estresse crônico) causada pela falta de sentido pode ser observada em nível celular. Pesquisas descobriram que pessoas com baixo senso de propósito tendem a ter telômeros mais curtos.
- Alterações cardiovasculares: o estresse crônico e a inflamação associados à falta de propósito contribuem para o aumento da pressão arterial, alterações na variabilidade da frequência cardíaca (um marcador de flexibilidade do sistema nervoso autônomo) e maior risco de eventos cardiovasculares.

Vista por essa ótica, a falta de sentido não é um mero problema existencial abstrato, é um estressor biológico significativo, que compromete a capacidade do corpo e do cérebro de funcionar otimamente, aumentando a carga de doença e reduzindo a longevidade.

O sentido como recurso de resiliência e longevidade

Felizmente, o inverso também é poderosamente verdadeiro. Cultivar e manter um senso de propósito atua como um recurso protetor biológico, fortalecendo a resiliência neural e fisiológica.

- Regulação do estresse: o propósito ajuda a moderar a resposta do eixo HHA, permitindo uma recuperação mais rápida após eventos estressores. O CPF, engajado pelo propósito, pode ajudar a reavaliar situações percebidas como ameaçadoras, reduzindo a magnitude da resposta ao estresse.
- Promoção de comportamentos saudáveis: pessoas com forte senso de propósito são mais propensas a se engajar em hábitos que promovem a saúde, como exercício físico regular, sono adequado, alimentação balanceada e evitação de substâncias nocivas. Ter um porquê para cuidar de si mesmo traduz-se em ações que beneficiam o cérebro e o corpo.
- Fortalecimento da resiliência imunológica: o senso de propósito está associado a perfis inflamatórios mais baixos e a uma melhor função do sistema imunológico, o que se traduz em menor suscetibilidade a doenças.
- Melhora na recuperação e aumento da longevidade: ter um propósito claro demonstrou acelerar a recuperação em casos de episódios depressivos, melhorar o prognóstico em pacientes com doenças crônicas e, notavelmente, aumentar a expectativa de vida, mesmo havendo outros fatores de risco. O "porquê" de Frankl não apenas permite suportar o sofrimento, mas também parece conferir ao corpo uma capacidade maior de *reparação* e *manutenção* ao longo do tempo.

É nesse ponto que a psicologia existencial e a psiquiatria biológica, a filosofia e a neurociência encontram um terreno comum e fértil. O sentido não é um luxo que buscamos após garantir a sobrevivência, ele é uma necessidade biológica primordial que impulsiona a sobrevivência qualificada, a prosperidade e a longevidade. O cérebro, moldado pela evolução para buscar padrões e criar significado a partir do caos sensorial, parece *exigir* essa coerência. A ausência de sentido é percebida como uma forma de incoerência fundamental, um estado de desordem ao qual o organismo responde com desregulação biológica. Encontrar – ou construir ativamente – um porquê reorganiza essa desordem, tanto no nível subjetivo da experiência quanto no nível da fisiologia neural e corporal.

Esse sentido pode ser encontrado em múltiplas fontes, e sua grandiosidade é menos importante que sua presença genuína e seu valor subjetivo para o indivíduo. Pode ser o amor pela família, a dedicação a um ofício, o compromisso com uma causa social, a busca por conhecimento, a criação artística ou simplesmente o cuidado diário com um jardim ou um animal de estimação. O que a neurociência valida é que engajar-se intencionalmente com algo que se percebe como significativo, que proporciona um horizonte que transcende o momento presente, ativa circuitos de recompensa, regula o estresse e fortalece a resiliência biológica. A ausência de tal horizonte, essa planície de vazio, esgota o cérebro e o corpo. A presença de um porquê, mesmo pequeno, é um motor poderoso que impulsiona a plasticidade adaptativa, reorganiza as redes neurais em benefício da saúde e confere ao indivíduo uma ferramenta biológica fundamental não apenas para sobreviver, mas também para prosperar.

Capítulo 3

O CÉREBRO DA MEMÓRIA: QUANDO O PASSADO NÃO PASSA

O corpo guarda as marcas.
Bessel van der Kolk

Se o cérebro, com sua intrincada rede de neurônios e sinapses, pode ser comparado a uma vasta e dinâmica arquitetura viva, então a memória é, sem dúvida, sua argamassa mais íntima e essencial. É a memória que cimenta nossa experiência no mundo, que costura os momentos passados no tecido contínuo do presente e que, em última instância, define quem somos. Tudo que nos torna únicos – nossas preferências mais triviais (o sabor do café que amamos, a cor que nos agrada), nossos medos mais profundos (medo de altura, aversão a espaços fechados), nossas reações automáticas mais arraigadas (a tendência a fugir do conflito, a impulsividade em certas situações), tudo isso repousa, em maior ou menor grau, sobre as camadas complexas de memórias. Essas memórias, estejam elas acessíveis à nossa consciência ou operando silenciosamente nos bastidores, moldam nossa percepção da realidade, influenciam nossas decisões e direcionam nosso comportamento de maneiras que nem sempre compreendemos plenamente.

No entanto, o mais intrigante e por vezes perturbador sobre a memória é que nem todas as nossas lembranças são narráveis. Nem todas existem na forma de histórias coerentes que podemos contar a nós mesmos ou aos outros. Algumas memórias residem fora da linguagem verbal e da consciência clara. Elas estão gravadas no corpo, cristalizadas em padrões emocionais intensos, codificadas em circuitos neuronais que disparam automaticamente, sem aviso ou sem contexto aparente. Essas memórias implícitas – aquelas que afetam nosso comportamento e nosso sentir sem que tenhamos uma recordação consciente do evento original – são particularmente poderosas, por sua capacidade de operar fora do alcance do controle racional.

É precisamente nesse território complexo e muitas vezes nebuloso que a neurociência contemporânea se encontra com a psicologia do trauma, lançando luz sobre quando e por que o passado não vira passado, mas permanece como uma força ativa no presente. O trauma psicológico – definido não apenas pelo evento em si, mas pela incapacidade do sistema de processá-lo e integrá-lo – tem um impacto profundo e desorganizante na forma como o cérebro forma e armazena memórias.

Para entender isso, precisamos olhar para duas estruturas cerebrais cruciais envolvidas no eixo da memória e da emoção: o hipocampo e a amígdala. A desregulação desse caminho é parte do obstáculo que nos impede de ressignificar nossos traumas. Quanto mais o trauma é negado, evitado, dissociado ou silenciado – seja pela própria pessoa, seja pelo ambiente ao redor –, mais profundamente essa memória não processada tende a se alojar no corpo. As respostas fisiológicas de luta, fuga ou congelamento que não foram completadas no momento do trauma podem ficar "presas", mantendo o sistema nervoso autônomo em um estado de alerta crônico ou de colapso. Isso se manifesta em alterações duradouras no padrão respiratório (respiração superficial), tensão muscular crônica (maxilares apertados, ombros tensos), disfunções digestivas (síndrome do intestino irritável), além de alterações na frequência cardíaca, na pressão arterial e até mesmo na modulação do sistema imunológico, como já vimos. O corpo guarda, literalmente, a marca da experiência traumática, expressando em sintomas físicos o que a mente não pôde ou não quis processar e integrar.

Assim, o passado não passa por si só. Ele permanece ativo e influente quando não é adequadamente processado pelo sistema de memória e integrado na narrativa da vida. A memória traumática, em sua forma fragmentada e corporal, continua a moldar o presente, mantendo o indivíduo refém de reações e sensações que pertencem a um tempo que, cronologicamente, já findou, mas que, internamente, ainda está dolorosamente vivo.

A mente e o corpo como palcos da repetição inconsciente

O trauma não resolvido não apenas retorna na forma de *flashbacks*, pesadelos ou sensações corporais desencadeadas por gatilhos. Ele, de forma insidiosa e muitas vezes inconsciente, tende a se repetir. A teoria da repetição, uma ideia inicialmente explorada por Sigmund Freud em sua clínica com pacientes traumatizados da Primeira Guerra Mundial e posteriormente expandida e refinada por figuras como Bessel van der Kolk e outros pesquisadores contemporâneos, sugere que há uma compulsão, uma força interna (frequentemente operando fora da consciência), que leva o indivíduo traumatizado a reviver, de alguma forma, experiências que se assemelham ao trauma original. Essa repetição pode se manifestar de maneiras variadas e nem sempre óbvias. Pode ser na escolha repetitiva de relacionamentos que espelham as dinâmicas abusivas ou negligentes do trauma inicial, pode ser na tendência a se colocar repetidamente em situações de risco que, em um nível não verbal, ecoam o perigo sentido outrora, pode ser na reencenação inconsciente dos papéis de vítima, agressor ou salvador em diferentes contextos da vida, ou pode simplesmente cair de forma repetida nos mesmos estados emocionais e fisiológicos de desamparo, pânico ou desconexão que caracterizaram a experiência traumática.

É importante entender que essa repetição não é masoquismo, não é um desejo consciente de sofrer novamente. Do ponto de vista neurobiológico e psicológico, a repetição pode ser vista como uma tentativa falha do cérebro e do organismo de processar e finalizar aquilo que ficou sem fechamento – o trauma que sobrecarregou os sistemas de enfrentamento e memória no momento em que ocorreu. Como a memória explícita do evento é fragmentada e a memória emocional e somática está presa em um estado de alerta constante, o cérebro pode, inconscientemente, buscar variações da experiência traumática, em uma tentativa desajeitada de dominar o indominável, prever o imprevisível ou finalmente ganhar a luta que foi perdida. É como se o sistema tentasse, repetidamente, encontrar um desfecho diferente para a história que ficou incompleta e que foi aterrorizante em sua primeira versão.

No entanto, sem a consciência do padrão, sem um ambiente seguro que permita uma nova experiência, sem ferramentas para processar a intensidade emocional e fisiológica, essa tentativa de repetição se torna uma profecia autorrealizadora. Em vez de levar à elaboração e ao fechamento, ela apenas reforça os circuitos neurais do trauma – a hipersensibilidade da amígdala, a desconexão do córtex pré-frontal, a desregulação do sistema nervoso autônomo, a ativação da memória somática. O ciclo se perpetua, e o indivíduo fica preso em um *loop* em que o passado, em vez de se dissipar, se torna cada vez mais arraigado no presente por meio dessas reencenações inconscientes. As redes neurais associadas às respostas traumáticas são reforçadas a cada repetição, tornando-as as vias preferenciais para o processamento da experiência, mesmo quando são mal adaptadas no contexto atual.

Terapias centradas na memória: reintegrando o passado para libertar o presente

A boa notícia, que surge da convergência da neurociência e da prática clínica, é que é possível interromper esse ciclo de repetição e ajudar o cérebro a finalmente integrar as memórias traumáticas. O objetivo das terapias centradas na memória – ou mais precisamente nas memórias traumáticas e suas manifestações implícitas – não é apagar o passado, mas reinseri-lo em seu devido lugar: o tempo que já passou. Permitir que o evento deixe de ser uma experiência vívida e ativada no "presente contínuo", para se tornar uma memória narrada, contextualizada, assimilada e metabolicamente integrada na história de vida.

Diferentes abordagens terapêuticas buscam atingir esse objetivo, cada uma com suas metodologias, mas compartilhando princípios subjacentes de processamento e integração:

- Psicoterapia baseada em exposição: uma das abordagens mais tradicionais para transtornos de ansiedade e TEPT. Envolve a exposição gradual e controlada a lembranças, imagens, pensamentos ou situações que evocam o trauma, mas em um ambiente seguro, onde o perigo real está ausente. A exposição repetida, combinada com técnicas de relaxamento e reestruturação cognitiva, permite que o cérebro (especialmente a amígdala e o CPF) aprenda que os gatilhos não são mais preditores de perigo iminente. Isso facilita a habituação – a diminuição da resposta de medo automática – e permite que a memória seja reprocessada e contextualizada pelo hipocampo e pelo córtex pré-frontal. A ideia é reescrever a *resposta* à memória, mesmo que a memória em si não mude.

- Dessensibilização e reprocessamento por movimentos oculares (EMDR): desenvolvida pela psicóloga e educadora norte-americana Francine Shapiro, essa terapia utiliza a estimulação bilateral (geralmente movimentos dos olhos seguindo os dedos do terapeuta ou toques/sons alternados) enquanto o indivíduo se concentra na memória traumática perturbadora, incluindo pensamentos, sentimentos e sensações corporais associadas. A hipótese subjacente é a de que a estimulação bilateral facilita o processamento de informação que foi bloqueado durante o trauma, talvez mimetizando o processamento que ocorre naturalmente durante o sono REM. O EMDR parece ajudar a dessensibilizar a resposta emocional intensa à memória (reduzindo a ativação da amígdala) e facilitar a conexão da memória traumática (frequentemente armazenada de forma fragmentada em redes emocionais/somáticas) com redes corticais mais adaptativas e informações mais positivas ou neutras (engajando o hipocampo e o CPF). A memória ainda existe, mas sua carga emocional e fisiológica diminui, tornando-a mais acessível e menos perturbadora, sentida como algo que *aconteceu*, e não algo que *está acontecendo*.
- Psicoterapias psicodinâmicas/psicanalíticas: embora não focadas exclusivamente no trauma pontual, essas abordagens exploram como experiências passadas, incluindo traumas precoces e relacionais, continuam a influenciar o presente por meio de padrões inconscientes e dinâmicas relacionais (transferência). O objetivo é trazer à consciência as memórias (explícitas ou implícitas) e os conflitos emocionais reprimidos, elaborá-los no

ambiente seguro da relação terapêutica e integrar os aspectos fragmentados do *self* que se desenvolveram como resultado do trauma. A repetição de padrões traumáticos na relação com o terapeuta (repetição na transferência) é vista como uma oportunidade crucial para sentir, compreender e finalmente modificar esses padrões em um contexto seguro.

- Terapias somáticas (*Somatic Experiencing*, terapia sensório-motora, TRE): como discutimos brevemente, essas terapias trabalham diretamente com a memória somática – as sensações corporais, os impulsos e os padrões de tensão associados ao trauma. Em vez de focar primariamente a narrativa (que pode estar fragmentada ou ausente), elas ajudam o indivíduo a aumentar a consciência das sensações corporais (interocepção) e a processar a energia fisiológica que ficou presa no corpo (por exemplo, a energia não descarregada da resposta de luta, fuga ou congelamento). Por meio de exercícios de consciência corporal, movimento e, por vezes, permitindo a descarga fisiológica (como tremores controlados), o sistema nervoso autônomo aprende a completar a resposta ao estresse, restaurando a capacidade de se mover entre estados de alta ativação e relaxamento. Isso permite que a memória somática seja integrada e que o corpo deixe de reagir como se o perigo ainda estivesse presente.

O fio condutor dessas diferentes abordagens é a promoção da integração. Elas visam facilitar a comunicação entre as áreas cerebrais que armazenaram os fragmentos emocionais e sensoriais do trauma (amígdala, tronco cerebral, áreas somatossensoriais) e as áreas responsáveis pela memória narrativa e contextual (hipocampo, córtex pré-frontal). Quando essa integração ocorre, o sistema nervoso autônomo se reorganiza – a hipersensibilidade simpática diminui, o tônus parassimpático pode ser restaurado, a amígdala se dessensibiliza (ou pelo menos sua hiper-reatividade se reduz) e o hipocampo pode ajudar a "arquivar" a memória traumática com um selo de tempo e lugar ("Isso aconteceu *então*, não está acontecendo *agora*"). O corpo, que antes lutava ou congelava contra um inimigo invisível (a memória intrusiva), pode finalmente relaxar e deixar de lutar uma batalha que já terminou. O passado, ao ser reintegrado, deixa de ser um presente contínuo e se torna, finalmente, memória.

Essa transição da repetição para a integração exige coragem para revisitar a dor, um ambiente seguro (frequentemente proporcionado pela relação terapêutica) e a disposição de reviver as sensações e emoções que foram evitadas. Mas é nesse movimento, guiado por abordagens terapêuticas baseadas na compreensão da memória e do cérebro, que reside a possibilidade real de libertar a mente e o corpo do jugo do passado.

Longevidade emocional: o peso silencioso do que não foi dito e a cura que liberta

A discussão sobre a memória traumática e sua persistência nos leva a considerar não apenas a qualidade da vida no presente, mas também a qualidade da vida ao longo do tempo, especialmente na velhice. A saúde mental durante a vida não depende apenas de evitar sofrimento ou de ter uma existência livre de adversidades – algo, aliás, impossível. Ela depende da nossa capacidade de processar, elaborar e, idealmente, ressignificar esse sofrimento quando ele inevitavelmente cruza nosso caminho.

Estudos longitudinais, que acompanham indivíduos por muitos anos ou décadas, fornecem evidências poderosas dessa conexão em longo prazo. Pesquisas têm mostrado consistentemente que pessoas que desenvolveram a capacidade de enfrentar e integrar eventos traumáticos ou adversidades significativas em suas vidas – que conseguem falar sobre suas experiências, conectar-se com suas emoções e encontrar um sentido ou perspectiva sobre o que viveram – tendem a apresentar maior estabilidade emocional na velhice, melhor desempenho cognitivo (incluindo memória e funções executivas) e menor incidência de doenças neurodegenerativas, como Alzheimer. É como se a capacidade de "metabolizar" o passado conferisse uma robustez, uma resiliência que protege o cérebro do desgaste relacionado ao estresse crônico ao longo das décadas.

Em contraste, aquelas pessoas que tendem a reprimir, a dissociar ou a evitar as memórias e emoções associadas ao trauma ou sofrimento significativo parecem acumular um custo psíquico e fisiológico silencioso. Esse peso do que não foi dito ou processado se traduz, em nível biológico, em uma ativação crônica do sistema de estresse (eixo HHA desregulado), em inflamação de baixo grau persistente e em uma carga alostática aumentada, mecanismos que já exploramos em detalhes anteriormente. Com o passar dos anos, essa carga acumulada se manifesta em formas variadas de adoecimento – maior risco de doenças cardiovasculares, disfunções metabólicas, comprometimento do sistema imunológico e um aumento da vulnerabilidade a transtornos do humor e ao declínio cognitivo na velhice. É a memória não processada cobrando seu preço biológico ao longo do tempo.

O envelhecimento, nesse sentido, pode ser visto não apenas como um processo de declínio biológico inevitável, mas também, idealmente, como um processo de reconciliação. Uma fase da vida em que a sabedoria adquirida pode ser utilizada para revisitar e integrar as partes não resolvidas da história pessoal. A boa notícia, reforçada pelas descobertas sobre a neuroplasticidade, é que o cérebro humano, mesmo maduro e em idade avançada, mantém uma capacidade notável de mudar, aprender e se reestruturar. A plasticidade necessária para curar o que foi mal encerrado na juventude ou na vida adulta *ainda está presente.*

Mas essa cura tardia exige coragem, talvez ainda mais intensamente: coragem de olhar para o que foi negado por tanto tempo, de dar nome ao sofrimento que ficou silenciado, de sentir as emoções que foram evitadas. Exige a aceitação profunda de que o passado, especialmente o traumático, não pode ser mudado, mas a nossa relação com ele pode ser transformada. Exige reconhecer que o passado só perde seu poder tóxico de moldar o presente e o futuro quando deixa de ser um tabu intocável, quando é trazido para a luz da consciência e integrado na narrativa da vida de forma coerente. É nesse movimento ativo e corajoso de enfrentar e processar a memória que a longevidade deixa de ser apenas um número cronológico – os anos vividos – e se torna também emocional (capacidade de sentir e regular as emoções de forma adaptativa), ética (viver alinhado com valores, apesar das feridas) e, para muitos, espiritual (encontrar um sentido mais profundo na jornada da vida, incluindo o sofrimento). A longevidade emocional é a recompensa biológica e existencial de uma vida em que o diálogo com a memória, mesmo a dolorosa, foi ativamente mantido.

Curar a memória, libertar a identidade: reconstruindo o eu para além do trauma

A frase poderosa atribuída a Carl Gustav Jung que ressoa em tantos contextos de cura – "Não somos o que nos aconteceu. Somos o que conseguimos fazer com o que nos aconteceu" – é muito mais do que um consolo inspirador. À luz da neurociência da memória e da plasticidade, essa frase emerge como uma hipótese neurobiológica fundamental. Porque o cérebro, como vimos, não é apenas um repositório passivo de eventos, armazenando-os como arquivos imutáveis em uma biblioteca estática. Ele é um sistema ativo de interpretação, reinterpretação, consolidação, reconsolidação e reconstrução constante da experiência.

A plasticidade sináptica, juntamente com a dinâmica da memória autobiográfica (a nossa história de vida contada para nós mesmos), permite que as experiências – incluindo as traumáticas – sejam revisitadas não como uma reencenação idêntica, mas como um material que pode ser reavaliado e reinterpretado a partir de novas perspectivas e com novos recursos (adquiridos por meio do desenvolvimento, da terapia, de novas experiências de segurança). É nesse ato ativo e intencional – o de devolver um novo sentido a uma dor antiga, de recontextualizar a memória traumática em relação a quem somos agora e ao que aprendemos – que ocorre a verdadeira cura da memória. Não é esquecer, mas mudar a *relação* neural e emocional com o que foi lembrado. Construímos novas vias sinápticas e fortalecemos as conexões entre áreas cerebrais que permitem uma compreensão mais integrada e menos reativa do evento vivenciado.

No entanto, como foi dito aqui, a memória traumática, quando não processada, fica congelada, aprisionada no sistema implícito, e por isso paralisa o tempo interno. A experiência do evento perturbador não se move para o passado, ela permanece viva e pronta para invadir o presente. E quando o tempo não passa dentro da mente, quando a experiência fica presa em um *loop* de repetição e reatividade, o corpo sofre as consequências, adoecendo sob a carga do estresse crônico e da desregulação fisiológica.

Por isso, a libertação da memória não é uma abstração puramente psicológica ou espiritual, ela é uma reorganização fisiológica tangível. Quando, por meio do processo terapêutico e do trabalho interno conseguimos nomear o trauma, articular a experiência (mesmo que inicialmente fragmentada), reconhecer os padrões de repetição que dele derivaram e – principalmente – nos autorizar, em um nível profundo e corporal, a não mais reagir ou repetir esses padrões como se o perigo original estivesse presente, o cérebro e o sistema nervoso respondem de forma poderosa. O eu – a nossa identidade e senso de nós mesmos – deixa de estar sob o sequestro do passado, ditado por memórias traumáticas implícitas e reações automáticas, e começa, enfim, a ganhar autonomia para caminhar plenamente no presente, tomando decisões baseadas na realidade atual e nos valores conscientes, e não apenas impulsionado por ecos de um passado não processado.

Essa transição, essa passagem da escravidão da repetição para a liberdade de agir, não é linear, mágica nem fácil. Não acontece por um *insight* intelectual súbito, tampouco por uma simples decisão racional ("eu vou parar de sofrer agora"). Ela demanda tempo, pois o cérebro e o sistema nervoso precisam de repetição e experiência segura para reescrever seus padrões. Demanda testemunho e vínculo, pois a cura do trauma frequentemente acontece na presença empática de outro ser humano (terapeuta, amigo, familiar), que valida a experiência e oferece segurança. Demanda coragem para enfrentar a dor e o medo que foram evitados. Demanda, sobretudo, o exercício de uma escuta profunda de si – aquela escuta atenta e compassiva do corpo e das emoções que exploramos nos capítulos anteriores. É essa escuta que gradualmente substitui o julgamento imposto pelo trauma pela curiosidade sobre a própria experiência, a culpa por ter "falhado" pela responsabilidade de cuidar de si no presente, e o silêncio imposto pela vergonha ou pelo medo pela coragem de construir uma nova narrativa, que inclui o trauma, mas não se detém nele.

É precisamente nesse ponto que a ciência que desvenda os mecanismos neurais da memória e do trauma e as tradições de sabedoria que falam da jornada da alma e da busca por sentido novamente se encontram em um terreno comum e fértil. Ambas, à sua maneira, reconhecem que o sofrimento, quando não evitado, mas sim acolhido e trabalhado em um contexto seguro, possui um poder transformador. E que, através desse processo de confrontar e integrar as memórias dolorosas, é genuinamente possível habitar a própria história de vida – com todas as suas cicatrizes – sem ser um prisioneiro perpétuo dela.

Porque, no fim das contas, aquilo que chamamos de identidade – essa sensação fluida e dinâmica de quem somos ao longo do tempo – não é outra coisa senão a síntese viva do que nos aconteceu (nossas experiências, gravadas em nossa memória) com o que conseguimos elaborar e integrar dessas experiências. Se o passado traumático não for curado, se a memória dolorosa permanecer congelada e não processada, ela deixa de ser apenas um capítulo difícil da história – um fragmento que pode ser lembrado como pertencente ao passado – e passa a ser um destino imposto, ditando nossas reações, limitando nossas escolhas e perpetuando o sofrimento no presente.

O convite final deste capítulo, portanto, é claro e urgente: permitir que o cérebro – com sua capacidade de plasticidade e reconstrução – reescreva, renegocie e integre aquilo que o coração já não deseja mais carregar sozinho, o peso invisível da memória traumática não processada. E que cada dor que nos moldou, cada ferida que carregamos, possa se transformar, com o tempo e o trabalho interno, em alicerce sólido para uma liberdade emocional genuína – a capacidade de sentir, reagir e escolher no presente, livre das correntes invisíveis do passado –, que sustenta uma longevidade não apenas cronológica, mas plena em vitalidade, significado e dignidade de ser vivida.

Capítulo 4

O CÉREBRO RELACIONAL: VÍNCULO, SOLIDÃO E O CORPO EM COMUNHÃO

A propensão a formar fortes laços afetivos com indivíduos específicos é um componente básico da natureza humana.
John Bowlby

Se há uma verdade fundamental que a biologia e a psicologia nos revelam, é a de que o ser humano é intrinsecamente social, moldado e nutrido pelas suas conexões. Desde o primeiro momento fora do útero, emerge em um estado de total e inegável dependência. Mas essa dependência inicial é muito mais do que apenas a necessidade de alimento e abrigo para a sobrevivência. Em sua essência mais profunda, desde o início da vida nós somos dependentes de vínculos. O apego, essa ligação emocional duradoura e potente que formamos com nossos cuidadores primários, não é um luxo ou um subproduto do cuidado físico, como o psiquiatra e psicanalista John Bowlby articulou em sua revolucionária teoria do apego; a propensão a formar fortes laços afetivos é um componente básico da natureza humana, uma necessidade primária inata, tão fundamental quanto comer ou descansar.

Nosso primeiro "alimento" para o cérebro e o sistema nervoso não é uma informação lógica ou uma instrução verbal – é uma experiência sensorial e afetiva que vem do outro. Não vem da fala articulada, que ainda não compreendemos – vem do olhar que nos encontra e valida, da pele que nos toca e acalma, do toque que organiza nossas sensações caóticas e nos dá um senso de contenção, da voz que modula e embala, do rosto que expressa emoção, sorri e, ao nos refletir e nomear, começa a dar contorno e significado à nossa existência incipiente. Essa intrincada tapeçaria de interações sensoriais e afetivas precoces forma o substrato relacional, que não é um mero detalhe charmoso da infância – ele é, na verdade, o alicerce fundamental sobre o qual toda a nossa arquitetura neural é construída. A qualidade dessas primeiras experiências relacionais esculpe os circuitos do nosso cérebro em desenvolvimento, influenciando a forma como processamos as emoções, regulamos o estresse, nos relacionamos com as pessoas e compreendemos a nós mesmos ao longo de toda a vida.

A neurociência contemporânea, com suas técnicas avançadas de neuroimagem funcional (como RMF e EEG), estudos de neuroquímica e pesquisas sobre o desenvolvimento cerebral precoce, tem fornecido uma validação empírica robusta para a intuição de poetas, filósofos e clínicos: os vínculos seguros não apenas nutrem o bem-estar psicológico, eles constroem cérebros biologicamente mais resilientes e saudáveis. E, por outro lado, a ausência de vínculos seguros, a experiência de negligência grave, o abandono, a inconsistência ou o trauma relacional precoce podem interromper ou desviar o desenvolvimento de circuitos cerebrais essenciais, comprometendo a formação de capacidades cruciais para a regulação emocional (a capacidade de experimentar e gerenciar sentimentos de forma adaptativa), o autocontrole (incluindo a regulação de impulsos e a gratificação adiada), a empatia (a capacidade de entender e compartilhar os estados emocionais dos outros) e a capacidade de lidar com o sofrimento e a adversidade (resiliência biológica e psicológica). O afeto, nesse sentido, transcende a experiência subjetiva, ele é uma força estrutural e organizadora em nível neurobiológico, moldando a maneira como nosso cérebro se religa e, por consequência, a maneira como percebemos e habitamos o mundo – interno e externo.

O cérebro social: uma construção compartilhada, da dança relacional à arquitetura neural

A própria ideia de um "cérebro social" realça a compreensão de que o cérebro humano não é um órgão que se desenvolve ou opera de forma isolada. Sua estrutura e sua função são intrinsecamente moldadas e mantidas por meio da interação com outros cérebros. O desenvolvimento cerebral precoce é um processo de construção compartilhada, em que a presença responsiva e sintonizada do cuidador atua como um guia fundamental para a organização neural do bebê. O vínculo com figuras cuidadoras primárias – tipicamente a mãe, mas inclui qualquer indivíduo que forneça cuidado consistente e sensível – não é apenas a base da segurança psicológica, ele é um organizador neurobiológico essencial.

As interações afetivas e responsivas entre cuidador e bebê desencadeiam a liberação de uma cascata de neuroquímicos cruciais no cérebro infantil em desenvolvimento. O toque físico suave, o contato olho no olho, a voz calma e melodiosa, o ato de alimentar e embalar – todos esses estímulos ativam a liberação de:

- Ocitocina: frequentemente chamada de hormônio do amor ou do vínculo, a ocitocina é liberada no cérebro e no corpo tanto do cuidador quanto do bebê durante interações positivas. Ela promove sentimentos de confiança, segurança e pertencimento, reduz a atividade da amígdala (o centro do medo) e diminui os níveis de hormônios do estresse, facilitando a formação do vínculo.
- Vasopressina: relacionada à ocitocina, a vasopressina também está envolvida na formação de laços sociais e pode influenciar comportamentos de proteção e vigilância.
- Dopamina: a interação afetiva ativa o sistema dopaminérgico de recompensa no cérebro do bebê. Isso associa a presença e as ações do cuidador a sensações de prazer e satisfação, reforçando a busca por essa conexão e motivando o bebê a interagir socialmente.
- Opioides endógenos: neuroquímicos naturais do corpo que proporcionam sensações de conforto, prazer e alívio da dor. A interação segura e o toque afetuoso estimulam a liberação desses opioides, tornando o vínculo uma fonte inerente de bem-estar para o bebê.

Essa orquestra neuroquímica, articulada pelas interações relacionais, fortalece as vias neurais que sustentam o apego e a motivação social. Em contraste, a ausência de estímulos relacionais positivos e a negligência ou a interação inconsistente e amedrontadora levam a uma dominação dos sistemas de estresse, com liberação excessiva de cortisol, que pode inibir o desenvolvimento adequado dos circuitos pré-frontais e límbicos essenciais para a regulação.

O cuidador atua, nos primeiros anos de vida, como um regulador externo para o sistema fisiológico e emocional imaturo do bebê. Um bebê faminto, molhado ou assustado experimenta uma ativação intensa do sistema nervoso simpático (luta ou fuga) e do eixo HHA, com aumento da frequência cardíaca, respiração acelerada e liberação de cortisol. A resposta calmante e eficaz do cuidador – pegando o bebê no colo, falando suavemente, atendendo à sua necessidade – ajuda o sistema do bebê a desativar essa resposta de estresse e retornar a um estado de calma (mediado pelo sistema nervoso parassimpático, especialmente pelo nervo vago). Essa experiência repetida de corregulação ensina, com o tempo, o cérebro do bebê a antecipar e, em dado momento, a executar essas funções de regulação por si mesmo. O bebê aprende a se acalmar, a modular suas emoções e a tolerar pequenos desconfortos, pois internalizou um modelo de regulação por meio da interação com o cuidador. Esse processo é fundamental para o desenvolvimento de um sistema nervoso autônomo (SNA) robusto e flexível, caracterizado por uma alta variabilidade da frequência cardíaca (VFC), que é um forte preditor de resiliência emocional e fisiológica na vida adulta.

Essa construção compartilhada molda diretamente a estrutura e a função de áreas cerebrais cruciais. O desenvolvimento do córtex pré-frontal (CPF) – especialmente as áreas medial e ventromedial, envolvidas na regulação emocional, na autoconsciência, na tomada de decisão social e na empatia – é profundamente influenciado pela qualidade das relações precoces. Vínculos seguros promovem a maturação dessas áreas, resultando em maior capacidade de gerenciar emoções intensas, entender perspectivas alheias e tomar decisões alinhadas com valores. O hipocampo, essencial para a memória e a regulação do estresse, também se desenvolve de forma mais saudável em ambientes relacionais seguros, levando a uma melhor capacidade de modular a resposta do eixo HHA e de contextualizar experiências passadas. A amígdala, o centro do medo, aprende a responder de forma mais calibrada a ameaças em um ambiente de segurança relacional, em contraste com a hipersensibilidade vista em cérebros moldados por trauma relacional precoce. A integração funcional entre essas áreas – a comunicação eficaz entre o "cérebro pensante" (CPF) e o "cérebro emocional" (sistema límbico/amígdala) – é facilitada pela experiência de vínculo seguro. Capacidades essenciais do cérebro social, como a teoria da mente (a capacidade de inferir pensamentos e sentimentos de outros) e a empatia (a capacidade de compartilhar e responder adequadamente aos estados emocionais alheios), dependem do desenvolvimento de redes neurais complexas envolvendo áreas como a junção temporoparietal (JTP), o sulco temporal superior (STS) e o sistema de neurônios-espelho, as quais são nutridas ativamente pelas interações sociais desde cedo.

A lógica do desenvolvimento relacional não se encerra na infância, ela continua a moldar e a manter a saúde do cérebro e do corpo ao longo de toda a vida adulta. A qualidade das nossas relações interpessoais maduras – com parceiros românticos, familiares, amigos, colegas de trabalho e em nossa comunidade – continua sendo um dos preditores mais consistentes e robustos da saúde física, saúde mental e longevidade. O tão aclamado Estudo sobre o Desenvolvimento Adulto de Harvard, que acompanha a vida de centenas de participantes há mais de oito décadas, forneceu evidências irrefutáveis: a força e o calor dos relacionamentos na meia-idade foram os preditores mais poderosos de saúde, felicidade e longevidade na velhice, superando até mesmo fatores amplamente reconhecidos, como o nível de colesterol, a pressão arterial, o *status* socioeconômico ou o sucesso profissional. Ter relações próximas e de qualidade aos 50 anos, segundo o estudo, é um indicador mais forte de uma velhice saudável e feliz do que o controle do colesterol nessa mesma idade.

Do ponto de vista biológico, relações sociais positivas funcionam como um poderoso amortecedor contra o estresse crônico e seus efeitos deletérios. O suporte social e a sensação de pertencimento reduzem a ativação do eixo HHA e do sistema nervoso simpático em resposta a estressores da vida. A simples presença de uma pessoa de confiança, um abraço, uma conversa profunda sem julgamentos, tudo isso envia sinais de segurança ao cérebro que diminuem a liberação de cortisol e adrenalina. Relações positivas ajudam a regular a inflamação sistêmica. Estudos mostram que indivíduos socialmente conectados tendem a apresentar níveis mais baixos de citocinas pró-inflamatórias (como IL-6 e PCR), contrabalançando o estado inflamatório crônico associado ao estresse e à solidão. O vínculo social fortalece o sistema imunológico, melhorando a resposta a vacinas, a vigilância contra células anormais e a capacidade de combater infecções. Em essência, o afeto e a conexão fornecem um ambiente interno de segurança e estabilidade que promove a homeostase e protege o cérebro e o corpo do desgaste acelerado imposto pela carga alostática e pelo estresse crônico. Eles atuam como um poderoso antídoto neural e fisiológico contra a aceleração do envelhecimento biológico e o declínio cognitivo associados à solidão e ao isolamento. Adicionalmente, ter um forte senso de pertencimento e conexão frequentemente está aliado a um senso robusto de propósito, que, como vimos, é um poderoso motor biológico de saúde, resiliência e longevidade.

O custo biológico da desconexão: a solidão como ameaça primária e a hipervigilância social

Nem todos têm a sorte ou a capacidade de viver imersos em uma rede de apoio robusta e consistente. Em contraste dramático com os imensos benefícios da conexão, a solidão – e, principalmente, não apenas o estado objetivo de estar fisicamente sozinho (isolamento social), mas o sentimento subjetivo de estar desconectado, de ser incompreendido ou indesejado, mesmo na presença de outros – tem efeitos devastadores sobre o organismo, comparáveis, em magnitude, aos dos fatores de risco mais conhecidos para a saúde e a longevidade. Em uma sociedade que ironicamente é hiperconectada digitalmente, mas com frequência carece de profundidade, intimidade e presença relacional real, a solidão tornou-se uma epidemia invisível e silenciosa, com consequências biológicas alarmantes.

A solidão crônica não é apenas uma sensação desagradável de carência, é um estressor biológico primário, um estado de privação relacional que o cérebro, evolutivamente, interpreta como uma ameaça existencial fundamental. No ambiente ancestral, estar isolado significava vulnerabilidade extrema a predadores, fome e falta de proteção e cooperação. O cérebro no modo antigo não diferencia o perigo de ser atacado por um leão do perigo de estar sozinho; ambos ativam os sistemas de alarme. Estudos pioneiros sobre a solidão, notavelmente liderados por John Cacioppo e sua equipe na Universidade de Chicago, e metanálises abrangentes que compilaram dados de centenas de milhares de indivíduos (como as publicadas por Julianne Holt-Lunstad e colegas) demonstraram de forma inequívoca que a solidão crônica está associada a um risco significativamente aumentado de morbidade e mortalidade precoce. Esse risco é comparável – e, em algumas análises, superior – àquele associado a fatores de risco bem estabelecidos, como tabagismo (fumar quinze cigarros por dia), obesidade e sedentarismo. Isso reforça o fato de que a conexão não é apenas algo "bom para ter", mas vital para a sobrevivência biológica em longo prazo.

O cérebro de uma pessoa solitária desenvolve uma hipervigilância social. Áreas cerebrais como a amígdala, como já vimos, envolvidas na detecção de ameaças, tornam-se mais reativas a estímulos sociais ambíguos ou mesmo neutros, interpretando-os como negativos ou perigosos. Há uma atividade reduzida nas áreas cerebrais associadas à confiança e à recompensa social em resposta a interações positivas, tornando menos provável que a pessoa busque ou valorize experiências sociais futuras. Esse viés atencional e interpretativo negativo cria um círculo vicioso e autorreforçador: a pessoa solitária, percebendo o mundo social como hostil ou sem recompensa, tende a se retrair ainda mais, evitando oportunidades de conexão que poderiam aliviar sua solidão, o que, por sua vez, reforça seu sentimento de isolamento e a crença de que o mundo social é, de fato, um lugar perigoso e sem suporte. A solidão é uma profecia biológica e psicológica autorrealizadora.

Em suma, a solidão não é apenas um estado emocional desagradável, é um estado de privação relacional severa que o cérebro e o corpo interpretam como uma ameaça à sobrevivência, desencadeando uma resposta de estresse crônico e desregulação sistêmica que mina a saúde e aumenta drasticamente o risco de doença e mortalidade. A hiperconexão digital, por si só, frequentemente falha em fornecer os sinais biológicos de segurança, presença e sintonização que são essenciais para contrabalançar essa resposta de ameaça e nutrir o cérebro relacional.

Relação como remédio: o afeto como ferramenta clínica de reintegração

Diante da compreensão de quão profundamente o cérebro e o corpo são moldados e impactados pelos vínculos – tanto para o bem (segurança, saúde, longevidade) quanto para o mal (solidão, trauma relacional, doença) –, torna-se evidente por que toda forma eficaz de tratamento para o sofrimento mental, e cada vez mais para muitas condições físicas crônicas, inclui, em alguma medida, a dimensão do vínculo. A relação com o outro, em seus aspectos de segurança, confiança e sintonia, é, em si mesma, uma ferramenta terapêutica poderosa.

Pense nas diversas modalidades de cura. Seja no ambiente protegido e intencional da psicoterapia (em que a relação terapêutica é frequentemente citada como um dos principais fatores de mudança, independentemente da linha teórica); na espiritualidade partilhada em comunidade; no afeto incondicional encontrado em genuínas amizades ou em relações familiares saudáveis; no apoio mútuo de grupos de suporte ou mesmo em interações compassivas com profissionais da saúde – é sempre na relação com o outro que encontramos o *reflexo* necessário para reintegrar partes perdidas ou fragmentadas de nós mesmos. O olhar acolhedor do outro pode validar uma emoção que aprendemos a esconder, a escuta atenta pode dar espaço para uma memória traumática ser contada e processada, a presença calma pode ajudar a regular um estado fisiológico desorganizado.

Esse processo de cura através da relação, ainda que muitas vezes experimentado como algo subjetivo ou simbólico, tem efeitos orgânicos mensuráveis e profundos. A experiência de uma conexão segura e confiável ativa vias neurobiológicas que contrabalançam os efeitos do estresse e do trauma. Quando nos sentimos seguros na presença de outra pessoa, o cérebro libera ocitocina, que, como vimos, age como um hormônio antiestresse e pró-vínculo. A ocitocina diminui a atividade da amígdala (centro do medo), reduz os níveis de cortisol e promove um estado de calma e confiança. A relação segura e sintonizada ajuda a regular o tônus vagal – a atividade do nervo vago parassimpático –, fortalecendo a nossa capacidade intrínseca de nos acalmarmos após um período de estresse e aumentando a variabilidade da frequência cardíaca (VFC), como vimos.

A relação também atua como um poderoso facilitador da neuroplasticidade adaptativa. Em um contexto relacional seguro, o cérebro se sente seguro o suficiente para desarmar suas defesas crônicas e se abrir para novas aprendizagens e reconfigurações. As interações positivas e sintonizadas reforçam as vias neurais associadas à confiança, à segurança, à recompensa social e à empatia, contrabalançando e enfraquecendo as vias aprendidas em resposta a trauma ou isolamento (medo, evitação, desconfiança). A relação proporciona um ambiente de segurança relacional que permite ao cérebro aprender e crescer de formas que não seriam possíveis em isolamento ou em ambientes percebidos como ameaçadores. E o cuidado, quando verdadeiro, consistente e sintonizado, transforma a arquitetura neural e desenvolve a capacidade de habitar o próprio corpo e o mundo com mais segurança e conexão.

A neurociência interpessoal, um campo emergente que estuda precisamente a dinâmica entre cérebros em interação, tem revelado fenômenos fascinantes que comprovam a profundidade biológica da conexão. Pesquisas utilizando eletroencefalogramas (EEG) e ressonância magnética funcional (RMF) com dois indivíduos interagindo simultaneamente demonstraram que, em momentos de genuíno afeto, empatia, sintonização emocional ou escuta profunda, o ritmo cerebral de ambos tende a se sincronizar. O que antes era visto como uma mera metáfora poética – entrar na mesma sintonia – hoje é um fenômeno mensurável em padrões de ondas cerebrais e ativação de redes neurais. Essa sincronia neural relacional não é apenas um epifenômeno, ela reflete e facilita processos de corregulação emocional e compreensão mútua.

Nesse contexto, cuidar do outro não é apenas um ato altruísta, é também uma forma de calibrar o próprio sistema nervoso. A experiência de empatia e compaixão pelo outro ativa áreas do cérebro associadas à recompensa e à regulação emocional. E, inversamente, permitir-se ser cuidado, receber o afeto e o suporte do outro é um ato de vulnerabilidade que ativa no receptor os sistemas de segurança e vínculo, facilitando a sua própria cura. A relação, portanto, é um fluxo bidirecional de cura e regulação.

É nesse sentido profundo que o amor (entendido como a prática de cuidado e compromisso), a amizade genuína, o perdão (como liberação de ressentimento e reconstrução de conexão, quando possível) e a presença atenta e sintonizada são mais do que valores morais ou conceitos abstratos, são ferramentas clínicas e biológicas poderosas para a reintegração da psique e a promoção da saúde. Em um mundo que adoece por excesso de performance individual, competição e escassez de afeto e conexão autêntica, cultivar vínculos saudáveis e profundos torna-se um ato essencial de preservação da saúde – não apenas individual, mas coletiva.

A biologia do encontro: como a presença do outro nos cura em nível neural e fisiológico

Em uma cultura que frequentemente idolatra a autonomia radical e a independência individual acima de tudo, falar da importância fundamental do outro para o nosso bem-estar mais básico pode, à primeira vista, parecer um retrocesso ou uma fraqueza. Mas não há nada mais revolucionário – e, ao mesmo tempo, mais ancestral e biologicamente verdadeiro – do que reconhecer que somos, em nossa essência mais profunda, interdependentes. O outro não é apenas companhia para afastar o tédio ou um meio para atingir um fim, ele é espelho (refletindo quem somos de formas que não podemos ver sozinhos), testemunha (validando nossa experiência ao ser vista e ouvida) e continente (oferecendo um espaço seguro para nossas emoções e sensações intensas) da nossa subjetividade em construção e em cura.

É na presença sintonizada do outro que nossas feridas emocionais e relacionais mais profundas podem começar a ser curadas. É onde nossas memórias dolorosas ganham um nome que pode ser compreendido e um contexto que as situa no tempo passado, em vez de invadirem o presente. É onde nossas emoções – tantas vezes tidas como ameaçadoras, avassaladoras ou "malditas" quando vivenciadas em isolamento – encontram um lugar seguro para ser sentidas, expressas e, com o tempo, reguladas e integradas. A sintonização afetiva do outro comunica ao nosso sistema nervoso que não estamos sozinhos com nossa dor, o que por si só é profundamente curativo.

A ciência, como vimos, cada vez mais confirma em nível biológico aquilo que a experiência humana e as tradições de cura já sabiam: que o vínculo e o afeto curam. Não no sentido idealizado, por vezes, do amor romântico como panaceia, mas no amor como decisão – como uma prática intencional e cotidiana de reconhecimento, validação e compromisso com o bem-estar do outro e da relação. Amar, sob essa ótica, é oferecer ao outro o espaço e o direito fundamental de existir plenamente, com suas imperfeições e vulnerabilidades, sem a necessidade de ser constantemente corrigido ou "consertado". É sustentar a escuta profunda, mesmo quando a verdade do outro ou suas emoções despertam desconforto em nós. É permanecer presente, escolher em conexão, mesmo quando a lógica da nossa própria reatividade ou o medo da intimidade sugerem que partir ou se fechar seria mais fácil ou mais seguro em curto prazo. E é também – talvez um dos aspectos mais desafiadores para aqueles cuja capacidade de vínculo foi ferida – permitir-se ser amado e cuidado pelo outro, apesar das defesas e da crença internalizada de não ser digno de amor ou de segurança.

A biologia do encontro que nos cura é, sim, feita da orquestra neuroquímica da ocitocina (que promove confiança e reduz o medo) e da dopamina (que associa a conexão a uma experiência recompensadora). Mas ela é feita, fundamentalmente, da presença encarnada, do tempo genuinamente partilhado, da sintonia nos ritmos biológicos (a sincronia vagal), da escuta sintonizada que valida a experiência interna e das pausas silenciosas que permitem ao sistema nervoso descansar e se reconfigurar. O toque físico seguro e o toque emocional da validação e da empatia ativam caminhos neurológicos profundos que nenhum comprimido isolado é capaz de acessar. Uma única experiência de presença plena, ainda que breve, em que nos sentimos verdadeiramente vistos e aceitos, pode começar a desatar nós de dor e de solidão que se repetem há anos, pois envia ao cérebro um sinal de segurança que contrasta vividamente com a memória implícita de ameaça ou abandono. E este é um dado precioso e cheio de esperança: há certas memórias traumáticas, certas feridas relacionais profundas, certos padrões de desregulação do sistema nervoso autônomo que só encontram o caminho da dissolução e da cura na experiência corretiva da presença segura de alguém que, ao nos olhar com aceitação, diz – sem a necessidade de palavras complexas – "eu vejo você. Você está seguro aqui".

Em um mundo que nos empurra incessantemente para a performance solitária, em que o valor individual é frequentemente medido pela produtividade e pela independência em vez da capacidade de conexão e cuidado, a solidão tornou-se, de fato, uma epidemia silenciosa, com custos biológicos e psicológicos alarmantes. Mas cada encontro verdadeiro, cada momento de genuína sintonização e presença compartilhada, é uma brecha poderosa nesse sistema. Cada vínculo real construído com intencionalidade e afeto é um ponto de fuga da lógica da pressa, da competição e do isolamento. E cada relação que cultivamos, em que há espaço para vulnerabilidade, escuta, validação e corregulação, é um espaço de regeneração neurobiológica e psicológica, em que o cérebro, que na solidão e no estresse estava preso na "luta da sobrevivência", pode, enfim, começar a descansar, a se curar e a prosperar na segurança do pertencimento.

Viver em sua plenitude, habitar a própria humanidade em sua totalidade, é também aprender a arte e a coragem de se deixar encontrar pelo outro. É abrir mão da armadura da autonomia rígida para abraçar a força paradoxal da interdependência. Porque se o trauma – a experiência avassaladora de desamparo e desconexão – é sempre, em sua essência, uma experiência solitária, a cura que nos religa ao mundo, ao nosso corpo e a nós mesmos é, invariavelmente, relacional. É no espelho do outro, na segurança do vínculo partilhado, que o cérebro relacional encontra seu caminho de volta para casa.

Capítulo 5

O TEMPO INTERNO: A ARTE DA PAUSA E A MENTE CONTEMPLATIVA

Não é que temos pouco tempo, é que o desperdiçamos muito.
Sêneca

Vivemos imersos em um paradoxo. Em uma era de avanços tecnológicos sem precedentes, em que ferramentas de comunicação e automação prometiam nos libertar do jugo da labuta incessante, encontramo-nos, em vez disso, escravizados por uma tirania do tempo e da produtividade. Descansar, em nosso contexto cultural, tornou-se quase um ato subversivo, uma forma de desobediência contra a norma implacável que exige atividade e entrega constantes. O tempo, antes percebido em ciclos naturais (dia e noite, estações, marés) e impregnado de significado sagrado em muitas culturas, foi violentamente reduzido a uma linha reta, implacavelmente produtiva e, acima de tudo, monetizada. Cada segundo do nosso dia precisa render, ser otimizado, preenchido com tarefas que possam ser justificadas em termos de eficiência e resultado. Cada pausa precisa de uma justificativa explícita, seja para uma necessidade fisiológica urgente ou para evitar o colapso total. O ócio, antes valorizado por filósofos como um espaço para a reflexão e a criatividade, virou sinônimo de preguiça, fraqueza de caráter ou falta de ambição. E o silêncio, a ausência de estímulo e de ruído externo, tornou-se para muitos um vácuo insuportável, a ser preenchido a todo custo por notificações, informações ou entretenimento digital.

Mas o paradoxo que a neurociência e a biologia agora confirmam com precisão crescente é brutal e incontornável: quanto mais corremos nesse ritmo imposto, mais nos desconectamos de nós mesmos e mais adoecemos. E quanto mais adoecemos – seja física, mental ou emocionalmente –, mais nos afastamos precisamente daquilo que poderia, de fato, nos curar e restaurar: a reconexão com o nosso ritmo interno.

O cérebro humano, longe de ser uma máquina que pode operar em aceleração constante indefinidamente, é um sistema biológico complexo, regido por múltiplos ritmos naturais. Ele funciona em alternância, em ciclos que são mais parecidos com as marés do que com uma linha de produção incessante. Existem ritmos ultradianos, ciclos de aproximadamente 90-120 minutos que se alternam entre estados de alerta e foco intenso e estados de menor vigilância e maior dispersão, presentes tanto no sono (ciclos REM/não REM) quanto na vigília. Existem os ritmos circadianos, os ciclos de 24 horas que regulam o padrão de sono-vigília, a secreção hormonal, a temperatura corporal e inúmeras funções fisiológicas. Existem os ritmos infradianos e sazonais, que operam em escalas mais longas (ciclos menstruais, mudanças de humor e de energia com as estações do ano). E existem nossos próprios ritmos afetivos e de energia pessoal, que flutuam ao longo do dia e da semana.

A alternância entre estados de foco intenso (quando o cérebro está engajado em uma tarefa específica) e estados de dispersão ou repouso (quando a mente divaga, descansa ou processa internamente) não é apenas natural, é absolutamente necessária para o funcionamento cognitivo ótimo, a criatividade, a consolidação da memória, o aprendizado eficaz e a regulação emocional sustentável. Quando esses ciclos naturais são sistematicamente rompidos pela exigência de estarem sempre ligados e produtivos, a mente perde sua bússola interna, a capacidade de autorregulação diminui, o corpo começa a manifestar o estresse crônico em sintomas e a própria existência começa a se esvaziar de significado, reduzida a uma lista interminável de tarefas a serem cumpridas. É por isso que a pausa – entendida não como inércia ou como um sinal de preguiça, mas como uma prática ativa, intencional e necessária de presença, de desengajamento do externo e de retorno ao ritmo interno – deve ser ressignificada em nossa cultura. Ela é uma tecnologia milenar de autorregulação, uma ferramenta biológica fundamental para a saúde do cérebro e do corpo que fomos ensinados a ignorar em nome de uma eficiência artificial e insustentável.

O cérebro em estado contemplativo: a poderosa atividade do repouso

Por muito tempo, prevaleceu na neurociência a visão, influenciada em parte pela metáfora do cérebro como computador, de que a mente em repouso – quando não estamos ativamente engajados em uma tarefa externa ou pensando sobre um problema específico – era uma mente inativa ou, na melhor das hipóteses, em um estado de baixo consumo de energia, esperando pela próxima instrução. No entanto, o advento de técnicas avançadas de neuroimagem funcional, como a tomografia por emissão de pósitrons (PET) e a RMF, revolucionou essa compreensão. Essas ferramentas permitiram aos pesquisadores observar a atividade cerebral *em tempo real*, mesmo quando os participantes estavam simplesmente deitados no *scanner*, com os olhos fechados ou abertos, sem ter uma tarefa específica para executar.

O que foi descoberto desafiou a noção de um cérebro ocioso. Durante esses estados de quietude mental, de repouso não direcionado – que se assemelham a estados de devaneio, introspecção tranquila, meditação não focada ou mesmo em que a mente vaga livremente –, um conjunto específico de regiões cerebrais exibe uma alta atividade coordenada e constante. Essa rede, surpreendentemente ativa quando não estamos fazendo nada em termos de tarefa externa, é o que já conhecemos e já tratamos em capítulos anteriores como RMP.

Longe de ser ociosa, a RMP é um espaço neuronal onde ocorrem processos cognitivos e emocionais de altíssima importância para a nossa saúde mental, para a nossa identidade e para a criatividade. Suas funções principais incluem:

- Introspecção e processamento autorreferencial: a RMP é a sede neural onde pensamos sobre nós mesmos, avaliamos nossas experiências em relação à nossa identidade e aos nossos valores e construímos um senso contínuo de quem somos. É vital para a autoconsciência.

- Memória autobiográfica e construção de narrativas: a rede acessa e reconsolida memórias de eventos da nossa vida, tecendo-os na história que contamos a nós mesmos sobre quem somos e sobre como chegamos aqui.
- Simulação do futuro e planejamento: surpreendentemente, a RMP também está intensamente envolvida em imaginar e simular cenários futuros, planejando ações e antecipando resultados – um processo que se baseia fortemente em experiências armazenadas na memória.
- Cognição social e teoria da mente: a RMP nos permite pensar sobre as mentes de outras pessoas – suas intenções, crenças, emoções. É fundamental para a empatia e para navegar o complexo mundo social.
- Divagação mental (*mind wandering*) e incubação criativa: embora possamos nos perder em pensamentos desconexos, a divagação mental permite que ideias aparentemente não relacionadas se conectem em um nível subjacente. É durante esses momentos de folga que *insights* criativos frequentemente emergem e que problemas que estávamos lutando para resolver ativamente encontram soluções inesperadas.

A RMP opera em um relacionamento dinâmico e, em grande parte, antagônico com outras redes cerebrais, como a rede positiva de tarefas (RPT), que está ativa quando estamos focados em uma tarefa externa (por exemplo, ler este texto, resolver um problema matemático, dirigir). Quando a RPT está altamente ativa, a RMP geralmente diminui a atividade, e vice-versa. Um cérebro saudável e funcional exibe uma oscilação flexível entre esses dois estados: a capacidade de engajar a RPT para o foco direcionado quando necessário, e a capacidade de se desengajar da tarefa e permitir que a RMP assuma para comandar o processamento interno quando apropriado.

A pressão constante da sociedade moderna para estar *sempre* engajado na RPT – focado, produtivo, ligado – leva a uma supressão crônica e disfuncional da RMP. Não damos ao cérebro o tempo necessário para divagar, para acessar a memória autobiográfica sem um propósito imediato, para processar experiências internamente, para simular futuros de forma relaxada ou para permitir que a criatividade emerja do subsolo da mente. A consequência é que processos essenciais para a consolidação da identidade, a integração da experiência vivida, a criatividade e a autoconsciência ficam comprometidos. Perdemos o eixo interno e nos sentimos fragmentados e desconectados de nós mesmos.

É aqui que a ciência valida o poder das práticas contemplativas – estados que intencionalmente promovem a ativação ou a regulação flexível da RMP e de outras redes associadas ao repouso mental. A meditação, em suas diversas formas (meditação focada em um objeto, meditação de atenção plena aberta), a oração silenciosa, a contemplação da natureza ou de uma obra de arte, todas essas práticas envolvem uma forma de desengajamento temporário da exigência de foco externo e permitem (ou treinam a capacidade de permitir) que a mente entre em um estado de maior repouso ou de exploração interna não direcionada.

Estudos em neuroimagem demonstram que a prática regular de meditação, por exemplo, modula a atividade e a conectividade da RMP. Muitas formas de meditação, especialmente as de atenção focada, levam a uma redução da atividade excessiva ou ruminativa da RMP, acalmando o constante "diálogo interno" associado à preocupação e à autoavaliação negativa. Além disso, a meditação parece fortalecer a conectividade entre a RMP e áreas cerebrais relacionadas ao controle cognitivo e à regulação da atenção (como o córtex pré-frontal lateral e o córtex cingulado anterior). Isso não significa desligar a RMP (que, como vimos, tem funções vitais), mas desenvolver a capacidade de monitorar a divagação mental sem se perder nela e retornar gentilmente a atenção para o foco escolhido (a respiração, o corpo, o momento presente). A prática fortalece a metaconsciência – a consciência de estar consciente.

Essas modulações neurais se traduzem em benefícios tangíveis observados em meditadores regulares e em indivíduos que incluem práticas contemplativas em sua vida: redução da atividade da amígdala (indicando menor reatividade ao medo e ao estresse), aumento da espessura cortical em áreas como o córtex pré-frontal (associado à autorregulação, à empatia e à tomada de decisão) e ampliação da conectividade entre regiões envolvidas na empatia, no autocontrole e na gestão do sofrimento. Mais do que simplesmente relaxar, a prática contemplativa – a arte da pausa intencional – parece restaurar a oscilação natural e saudável entre o foco (RPT) e a divagação/processamento interno (RMP). O cérebro reaprende a se recompor, a integrar experiências, a acessar a criatividade de forma mais fluida e a retornar a um estado de equilíbrio. A mente, antes fragmentada pela exigência de estar sempre ligada, se reintegra nesse espaço de repouso ativo e contemplativo.

A contemplação, portanto, não é uma fuga do mundo ou uma negação da realidade externa. É um retorno necessário a si mesmo, uma prática de cultivo do espaço interno em que a identidade é consolidada, a sabedoria é acessada e a cura acontece em níveis profundos. E o que retorna desse espaço interno de verdade, quando lhe é permitido emergir, retorna inteiro e integrado, mais capaz de se engajar no mundo externo de forma presente e eficaz.

Silêncio, natureza e o tempo da alma: ambientes que restauram o ritmo interno

Após explorarmos a poderosa atividade do cérebro em repouso e o papel vital da RMP e da oscilação entre redes, torna-se claro que a pausa não é apenas a ausência de atividade, mas uma condição essencial para o processamento e a integração interna. E certos ambientes, tanto internos quanto externos, são particularmente propícios a facilitar essa pausa e a reconexão com o tempo interno. O silêncio e a natureza se apresentam, sob a ótica da neurociência, como poderosos restauradores biológicos.

O silêncio assusta a cultura da pressa e do estímulo constante precisamente porque nele não há distração suficiente para mascarar o barulho interno – os pensamentos inquietos, as emoções reprimidas, as preocupações persistentes. É nesse espaço de ausência de ruído externo que somos confrontados com o que reside dentro de nós. É por isso que o silêncio verdadeiro – aquele que não é apenas a ausência de som físico, mas um estado de presença e escuta interna receptiva – tornou-se um artigo raro e desconfortável na vida moderna. No entanto, é justamente nesse espaço de suspensão da cacofonia externa que a mente e o sistema nervoso encontram as condições ótimas para se reorganizar.

Os efeitos biológicos do silêncio são notáveis. Períodos de silêncio permitem que o SNA mude o equilíbrio da dominância simpática (como vimos, associada a estresse, alerta e ruído) para a dominância parassimpática (já conhecida por nós como associada a repouso, digestão e restauração). Isso leva a uma diminuição mensurável nos níveis de hormônios do estresse, como cortisol e adrenalina, reduz a frequência cardíaca e a pressão arterial e promove um estado de relaxamento profundo. Alguns estudos sugerem que períodos de silêncio podem até estar associados ao desenvolvimento de novos neurônios no hipocampo, embora essa pesquisa ainda esteja em evolução. Em essência, o silêncio, longe de ser um vazio a ser temido, é um campo fértil em que o sistema nervoso parassimpático floresce, em que a amígdala (radar de ameaças) pode sair do estado de hipervigilância constante e em que a psique encontra, enfim, um lugar seguro para processar, integrar e se recompor sem ser bombardeada por novos estímulos. O silêncio é um nutriente essencial para o cérebro sobrecarregado da era da informação.

A exposição à natureza, por sua vez, é outra forma ancestral e profundamente eficaz de pausa ativa e restauração. Culturas ao redor do mundo, ao longo da história, reconheceram o poder curativo do contato com o ambiente natural. Na medicina japonesa, a prática de *shinrin-yoku* (banho de floresta) – imergir-se na atmosfera da floresta de forma contemplativa – tem sido prescrita e estudada por seus benefícios à saúde.

A neurociência ambiental e a psicofisiologia têm desvendado os mecanismos pelos quais a natureza impacta positivamente o cérebro e o corpo:

- Redução imediata do estresse: estudos mostram que passar tempo na natureza, seja caminhando em um parque ou simplesmente olhando para uma paisagem verde, resulta em uma redução significativa e rápida nos níveis de cortisol, na frequência cardíaca e na pressão arterial. Isso indica uma mudança para a dominância parassimpática do SNA, facilitando a recuperação do estresse.
- Melhora do humor e redução da ruminação: a exposição à natureza está associada a um aumento de emoções positivas, como calma e alegria, e a uma diminuição de estados emocionais negativos, como ansiedade, raiva e tristeza. Uma pesquisa realizada por Gregory Bratman e colaboradores na Universidade de Stanford, por exemplo, mostrou que uma caminhada de noventa minutos em um ambiente natural, comparada a uma caminhada em ambiente

urbano, resultou em atividade reduzida na área do córtex pré-frontal subgenual, uma região ligada à ruminação (pensamentos repetitivos sobre problemas). Isso sugere que a natureza pode ajudar a desligar os *loops* de preocupação mental.

- Restauração cognitiva: a Teoria da Restauração da Atenção, proposta por Rachel e Stephen Kaplan, sugere que ambientes naturais fornecem um tipo de atenção suave ou fascinação branda (observar o movimento das folhas, a água corrente, o voo de um pássaro) que permite que a atenção direcionada (a que usamos para nos concentrar em tarefas, que se esgota) se recupere da fadiga. Isso melhora a capacidade de concentração, a memória de trabalho e a função executiva.
- Benefícios imunológicos: pesquisas sobre o "banho de floresta" indicam que inalar fitoncidas (substâncias químicas voláteis emitidas por árvores e plantas) pode aumentar a atividade e o número de células *natural killer* (NK) – um tipo de célula do sistema imunológico que combate vírus e células tumorais.
- Modulação da atividade cerebral: além da redução na ruminação (ligada à modulação da RMP), a exposição à natureza pode aumentar a conectividade funcional em redes associadas à cognição e à regulação emocional.

O mais impressionante é que muitos desses efeitos benéficos da natureza ocorrem de forma orgânica e automática, mesmo sem a intenção consciente de meditar ou se curar. O simples contato com a atmosfera natural – com suas vistas, sons, cheiros e, principalmente, com seu ritmo natural – parece reconfigurar o tempo interno do cérebro e do corpo de maneira fundamental. O corpo, em um nível biológico profundo, se lembra de onde veio, respondendo a esses estímulos ancestrais com relaxamento e restauração. O cérebro, nesse momento, deixa de operar no modo de máquina (processando dados, cumprindo metas) para voltar a ser um organismo integrado aos ritmos maiores da vida.

A beleza da contemplação, nesse sentido, reside na sua acessibilidade e na sua simplicidade fundamental. Ela não demanda ambientes sofisticados nem longos retiros (embora estes possam ser poderosos). A contemplação pode florescer no ritual simples e atento do café preparado pela manhã, no banho morno tomado em silêncio, no momento em que se para a fim de observar a luz do sol entrando pela janela ou no toque da terra ao cuidar de uma planta. A contemplação é o resgate do tempo qualitativo – a riqueza da experiência vivida no momento presente –, prevalecendo sobre a tirania do tempo cronológico quantificado. Ela não busca fazer render cada segundo, mas permitir que aquilo que é verdadeiro, essencial e restaurador se manifeste no espaço da pausa. E essa manifestação, mesmo que sutil no início, possui um poder transformador imenso. Porque tudo que a mente acelera para evitar (o desconforto, a dor, a incerteza interna), o silêncio e a quietude contemplativa revelam. E o que é revelado e trazido para a consciência pode, finalmente, ser compreendido, processado e cuidado.

O problema fundamental da modernidade, que o sociólogo Zygmunt Bauman descreveu como "modernidade líquida" – caracterizada pela fluidez, incerteza e fragilidade dos laços – não é primariamente a escassez de tempo. É a fragmentação radical da atenção e a desconexão dos nossos ritmos internos. O cérebro, constantemente bombardeado por estímulos e exigências sem o contraponto necessário da pausa e do repouso ativo, se fragmenta junto com a nossa atenção. Tornamo-nos reativos, ansiosos, superficialmente conectados e emocionalmente instáveis, não por uma fraqueza inerente de caráter, mas por exaustão biológica e cognitiva. É nesse ponto que a prática deliberada da pausa, do silêncio e da imersão na natureza se mostra genuinamente revolucionária: ela devolve à consciência o direito de habitar plenamente o agora, em vez de correr perpetuamente para o próximo momento. E ao corpo, o direito fundamental de existir, sentir e simplesmente ser, sem precisar provar nada ou cumprir metas externas a todo custo.

A cronobiologia da mente: ritmos biológicos que sustentam a lucidez e a saúde

Aprofundando a ideia dos ritmos que governam nossa biologia, a cronobiologia é o campo científico dedicado a estudar os sistemas de tempo biológico e seus ciclos inerentes em organismos vivos. Quando visto pelo olhar da biologia, o tempo não é uma linha reta ou um construto social arbitrário. Ele pulsa, ele oscila, ele gira em padrões previsíveis e profundamente fisiológicos. O corpo humano, como virtualmente todas as formas de vida na Terra, evoluiu sob a influência primordial de ciclos ambientais, principalmente o ciclo de luz e escuridão imposto pela rotação do nosso planeta. Consequentemente, nossa fisiologia opera com relógios internos que regulam uma vasta gama de processos biológicos. Ignorá-los ou perturbá-los sistematicamente não é apenas um descuido existencial ou uma escolha de estilo de vida questionável, é uma violência fundamental contra a inteligência inata do organismo e sua arquitetura evolutiva.

O mais proeminente desses relógios internos é o sistema circadiano. Esse relógio-mestre, localizado no núcleo supraquiasmático (NSQ), uma estrutura do hipotálamo, é o nosso principal marca-passo circadiano. O NSQ recebe informações diretamente da luz captada pelos olhos (mesmo se os olhos estiverem fechados ou se o indivíduo for cego, certas células ganglionares na retina respondem à luz e enviam sinais para o NSQ), usando-a como o principal *zeitgeber* – termo alemão para "doador de tempo", um sinal externo que ajuda a sincronizar o relógio interno com o ambiente externo. O NSQ, por sua vez, envia sinais para o resto do corpo, sincronizando os "relógios periféricos" localizados em quase todos os órgãos e células.

O ciclo circadiano orquestra uma vasta gama de processos fisiológicos e comportamentais ao longo das 24 horas do dia:

- Ciclo sono-vigília: o mais óbvio. O NSQ regula a liberação de melatonina (o "hormônio da escuridão", que promove o sono) pela glândula pineal (aumenta à noite, diminui com a luz) e o padrão de alerta e sonolência.
- Secreção hormonal: inúmeros hormônios seguem ritmos circadianos, incluindo o cortisol (alto pela manhã, para nos dar energia, e diminuindo ao longo do dia) e hormônios relacionados ao apetite e ao metabolismo (grelina, leptina).
- Metabolismo: a sensibilidade à insulina, a tolerância à glicose e a capacidade de processar gorduras variam ao longo do dia, tornando certos horários mais ou menos ideais para a ingestão de alimentos.
- Temperatura corporal: a temperatura central do corpo varia ao longo das 24 horas, atingindo o pico no final da tarde/início da noite e caindo durante o sono.
- Desempenho cognitivo e humor: a vigilância, a concentração, o tempo de reação, a memória e até mesmo o humor flutuam

previsivelmente ao longo do dia, influenciados pelo ciclo circadiano e pelo sono. Algumas pessoas são naturalmente mais alertas e produtivas pela manhã ("cotovias"), enquanto outras funcionam melhor à noite ("corujas") – variações nos cronotipos individuais, que também têm base genética e neural.

- Função imunológica: a atividade das células imunes e a resposta inflamatória também seguem ritmos circadianos, com implicações para a suscetibilidade a infecções e a doenças autoimunes.

Quando o ciclo circadiano é respeitado – com exposição à luz natural durante o dia, escuridão à noite e horários consistentes de sono e vigília –, o humor tende à estabilidade, a atenção se mantém sustentada e o corpo se recupera com eficiência durante o sono profundo, otimizando a função hormonal e metabólica. Mas, quando esse ciclo é sistematicamente rompido, as consequências são graves e abrangentes. A vida moderna está repleta de disruptores circadianos: trabalhadores em turnos com horários irregulares, exposição excessiva e tardia à luz artificial (especialmente a luz azul de telas eletrônicas, que suprime a melatonina), *jet lag* frequente, horários de sono inconsistentes e o estresse crônico, que pode diretamente desregular o eixo HHA e, consequentemente, impactar o NSQ.

Essa quebra crônica do ritmo circadiano leva a um estado de dessincronização interna, em que os vários relógios do corpo perdem o alinhamento com o relógio-mestre e com o ambiente externo. Os efeitos incluem:

- Distúrbios do sono: insônia, sono fragmentado, dificuldade para adormecer ou permanecer dormindo, síndrome do atraso ou do avanço de fase do sono.
- Desregulação do eixo HHA: o padrão normal de cortisol é perturbado, que chega a níveis elevados em momentos inadequados, exacerbando os efeitos do estresse crônico.
- Problemas metabólicos: a desregulação circadiana é um fator de risco para resistência à insulina, diabetes tipo 2, obesidade e síndrome metabólica, devido ao processamento inadequado de glicose e gordura e alterações nos hormônios da fome.
- Transtornos do humor: há uma forte ligação bidirecional entre distúrbios do ritmo circadiano e transtornos, como depressão (incluindo transtorno afetivo sazonal, ligado à falta de luz no

inverno), transtorno bipolar e transtornos de ansiedade. A desregulação do sono e dos ritmos hormonais afeta diretamente os sistemas de neurotransmissores (serotonina, dopamina) e a plasticidade cerebral em áreas envolvidas na regulação do humor.

- Prejuízos cognitivos: a dessincronização leva a déficits de atenção, memória, tempo de reação e função executiva, aumentando o risco de cometer erros e causar acidentes.
- Disfunção imunológica: a atividade rítmica das células imunes é comprometida, levando a uma resposta inflamatória crônica e ineficácia na luta contra patógenos.
- Aceleração do envelhecimento e risco de doenças crônicas: a desregulação circadiana é um estressor biológico que aumenta o estresse oxidativo, danifica o DNA e está associado a um risco aumentado de certos tipos de câncer e doenças neurodegenerativas em longo prazo.

Mais sutilmente, a cronobiologia da mente revela que há janelas internas de lucidez, criatividade e receptividade que variam não apenas entre indivíduos (cronotipos), mas também ao longo do dia para cada pessoa – momentos em que o cérebro está naturalmente mais apto para o pensamento analítico, para a introspecção criativa, para o aprendizado ou para o processamento emocional profundo. O problema é que a lógica social e profissional moderna exige um pico de produtividade constante, geralmente ditado por um horário fixo de trabalho, independentemente do relógio biológico individual. Esse descompasso crônico entre o tempo interno e o tempo externo imposto pela cultura contribui significativamente para a exaustão, a frustração e a sensação de estar lutando constantemente contra a própria natureza.

Resgatar o alinhamento com o tempo biológico não exige um retorno radical à vida rural, nem renúncia às conveniências modernas. Exige, primariamente, consciência dos nossos ritmos naturais e escuta atenta aos sinais do corpo e da mente sobre quando precisamos de atividade, foco, descanso ou introspecção. Exige, sobretudo, a coragem de reorganizar, na medida do possível, a agenda e as prioridades em torno do que realmente importa biologicamente: preservar os momentos de vitalidade natural para as tarefas que exigem mais energia mental, proteger rigorosamente os ciclos de descanso e sono e permitir que a mente se mova conforme suas próprias marés internas – com seus fluxos de foco e refluxos de divagação –, e não apenas conforme as metas e os prazos externos ditados pela cultura.

No fim das contas, longevidade e saúde não são apenas uma questão de quantos anos vivemos, mas de como esses anos são atravessados em termos de qualidade da experiência, resiliência biológica e coerência interna. E uma mente que respeita seus próprios ritmos naturais, que se permite pausar e contemplar, que se alinha com a sabedoria da cronobiologia, vive com mais clareza, mais gentileza para consigo mesma, mais criatividade e mais profundidade. O tempo interno, silenciado pela pressa externa, ao ser redescoberto torna-se uma fonte poderosa de saúde e vitalidade.

Quando o tempo cura: a pausa como sabedoria neurobiológica essencial

A cultura da produtividade implacável nos ensina a viver como se tivéssemos que provar nosso valor a cada instante, a cada tarefa concluída, a cada minuto preenchido. É como se parar fosse sinônimo de fracasso, uma confissão de inadequação em um mundo que idolatra a velocidade e a eficiência linear. Respirar fundo, simplesmente existir sem um propósito produtivo imediato, parece, nesse contexto, algo que exige uma justificativa. Mas essa lógica é fundamentalmente falha e, como a biologia nos mostra, insustentável. O corpo não funciona assim. A mente, muito menos. Ambos não apenas *precisam* de pausas, eles *pedem* pausas em seus ritmos naturais, por meio de sinais que vão do sutil (cansaço, dificuldade de concentração) ao inegável (doença, exaustão total). E, quando esses pedidos silenciosos não são atendidos, o corpo grita. O cansaço crônico se transforma em doença manifesta, o excesso de estímulo vira confusão interna, ansiedade e esgotamento, e o tempo – que deveria ser um espaço de maturação, aprendizado e crescimento – torna-se um agressor implacável.

É nesse contexto que a pausa, antes vista como fraqueza, precisa ser ressignificada radicalmente como uma forma de força essencial. Força que vem do reconhecimento da nossa própria finitude e dos nossos limites biológicos. Força que compreende que a produtividade sustentável não vem da aceleração constante, mas do alinhamento com os ritmos internos e da integração da experiência – ou seja, produtividade sem presença é desperdício de energia e potencial. Força que entende que parar não é abdicar da vida ou desistir dos objetivos, mas preparar o corpo e a mente para continuar a jornada com mais eficácia, resiliência e bem-estar em longo prazo.

Porque o que verdadeiramente cura não é o simples passar do tempo cronológico no calendário, mas o tempo sentido, a qualidade da experiência vivida (e integrada) nesse tempo. A pausa genuína e intencional, seja ela um momento de silêncio, um período de devaneio, uma caminhada na natureza ou um descanso respeitoso, não é um vazio. Ela é um espaço ativo de cura neurobiológica.

A pausa verdadeira permite algo mais sutil, mais profundo e mais essencial: a integração da experiência vivida. Em nossa correria constante, apenas acumulamos experiências, sem tempo para digeri-las, compreendê-las, senti-las plenamente e integrá-las ao tecido do nosso ser. É na pausa que o ruído incessante do mundo externo cede espaço para a voz mais suave da intuição, da emoção e da sabedoria corporal – "o que importa". É no silêncio que a fragmentação se reúne. É no repouso que o corpo, finalmente livre da exigência de performance, nos ensina a verdade que a mente acelerada e desconectada esqueceu: que a vida não é uma corrida frenética em busca de uma linha de chegada artificial, mas uma escuta atenta e sintonizada dos ritmos do próprio ser e do mundo ao redor.

O tempo, quando escutado – quando honramos seus ritmos, quando permitimos as pausas necessárias para sentir e integrar –, cura. Ele permite que as feridas se fechem, que o aprendizado se consolide, que a criatividade floresça e que a sabedoria emerja. E a mente, quando lhe é permitido desacelerar, sair do estado de hiperexcitação e entrar no espaço contemplativo da pausa, encontra o que havia perdido na pressa: não apenas a calma, mas a direção interna, a clareza sobre o que realmente importa. A pausa restaura a nossa bússola interna.

Do ritmo à consciência – o portal da presença

Chegamos ao final deste capítulo, em que exploramos a sabedoria ancestral e a validação científica da pausa e do tempo interno. Desafiamos a tirania do tempo linear imposto pela cultura moderna, mergulhamos nos ritmos biológicos que governam nossa saúde, compreendemos o poder do cérebro em estado contemplativo e a importância vital da pausa, do silêncio e da natureza como restauradores biológicos e psicológicos. Vimos que honrar nosso tempo interno não é um luxo, mas uma necessidade biológica fundamental para a saúde, a lucidez e a capacidade de integrar a experiência.

Este capítulo lança uma ponte essencial para o que virá. A capacidade de pausar, de aquietar o ruído externo e interno, de ouvir a linguagem sutil do corpo e da mente em seus próprios ritmos – essa capacidade é a porta de entrada para o tema do nosso próximo mergulho: a consciência.

No capítulo seguinte, mergulharemos mais fundo na própria natureza da consciência – não apenas como uma função cerebral complexa de estar desperto e ciente, mas como um campo de presença, atenção e, talvez, transcendência. Seguiremos investigando o que acontece, em nível neural e subjetivo, quando a mente deixa de ser primariamente reativa – impulsionada por padrões automáticos, medos do passado ou exigências externas – e começa, enfim, a cultivar a capacidade de observar, de testemunhar a própria experiência interna e externa com maior clareza, discernimento e distanciamento.

As práticas de pausa e contemplação discutidas neste capítulo – *mindfulness*, tempo na natureza, respeito pelos ritmos circadianos e ultradianos – são, na verdade, ferramentas fundamentais para cultivar a capacidade de presença e observação. Elas treinam o cérebro a sair do piloto automático da reatividade e a habitar o agora com maior lucidez. Ao aprendermos a arte da pausa, estamos, em essência, treinando nossa consciência para estar mais plenamente aqui, mais capaz de observar os próprios pensamentos e emoções – sem ser arrastada por eles – e mais sintonizada com a riqueza da experiência no momento presente.

Porque, no fim das contas, uma vida vivida na pressa incessante, desconectada dos seus próprios ritmos internos e sem espaço para a pausa contemplativa, é uma vida vivida em grande parte na inconsciência – reagindo automaticamente ao externo, sem tempo para integrar o interno. Ao resgatar o nosso tempo interno, abrimos o portal para uma forma mais plena e desperta de ser. É a jornada a partir do ritmo desorganizado pela pressa rumo à pausa consciente e, desta, à consciência lúcida que nos permite habitar a vida com profundidade, resiliência e um sentido renovado de pertencimento ao fluxo maior do tempo que verdadeiramente cura. A arte da pausa não é apenas sobre descansar, é sobre acordar para a vida que está acontecendo agora, dentro e fora de nós.

Capítulo 6

A MENTE QUE OBSERVA: CONSCIÊNCIA, ATENÇÃO E A REDENÇÃO DO PENSAMENTO

Entre o estímulo e a resposta há um espaço.
Nesse espaço está o nosso poder de escolher.
Viktor Frankl

A mente humana, em sua complexidade evolutiva, possui uma capacidade verdadeiramente rara e notável: a capacidade de observar a si mesma em funcionamento. Diferentemente de outras espécies, que reagem diretamente aos estímulos com base em instintos e condicionamentos, nós somos capazes de dar um passo atrás, por assim dizer, e olhar para o processo interno. Podemos olhar para o que estamos sentindo no momento, nomear a emoção que nos atravessa, examinar os pensamentos que surgem na corrente da consciência e até mesmo questionar a validade das crenças que sustentamos. Essa capacidade de metacognição – de pensar sobre o próprio pensamento, de estar ciente da própria consciência – é considerada por muitos neurocientistas e psicólogos como uma das maiores conquistas da evolução humana, fundamental para a aprendizagem complexa, a resolução de problemas sofisticados, a autorreflexão, o planejamento em longo prazo e a capacidade de autorregulação emocional e comportamental. E, paradoxalmente, em grande parte da vida moderna, ela é uma das capacidades menos utilizadas de forma intencional.

Vivemos frequentemente imersos, e por vezes dominados por fluxos incessantes de pensamentos, emoções e sensações. Somos arrastados pelas narrativas internas, reagimos automaticamente aos gatilhos externos e internos e nos perdemos no turbilhão da atividade mental, sem perceber que existe um lugar, uma perspectiva interna a partir da qual todo esse conteúdo mental pode ser observado. É como se o pensamento, as emoções e as sensações fossem nuvens passageiras no vasto céu da consciência. Eles estão presentes – por vezes densos e tempestuosos, por vezes leves e etéreos –, mas são, por sua própria natureza, impermanentes. A prática de observar o pensamento como uma nuvem – reconhecendo-o, nomeando-o, mas permitindo que siga seu curso, sem se identificar totalmente com ele nem ser sequestrado por sua narrativa – é o primeiro passo para reivindicar a capacidade metacognitiva adormecida.

A consciência, no contexto que exploraremos, não é apenas um estado binário de estar acordado e ciente do ambiente externo (como em oposição a estar inconsciente ou dormindo profundamente). Ela é, mais profundamente, uma qualidade de presença. Uma forma de estar no mundo e consigo mesmo, que se caracteriza por uma atenção plena, uma clareza perceptiva e uma abertura receptiva ao que surge, tanto interna quanto externamente. Essa qualidade de consciência não depende da velocidade do raciocínio ou da capacidade de processar informações rapidamente – na verdade, a pressa mental muitas vezes a inibe. Ela depende da profundidade do contato com o momento presente, da capacidade de habitar o agora com atenção plena e livre de julgamento.

Essa qualidade de presença e observação tem um poder intrínseco. O que se observa com clareza, com uma atenção calma e sem a reatividade automática do julgamento ou da evitação, tende a perder seu poder de dominar ou destruir. Um pensamento angustiante observado como apenas um pensamento perde parte de sua capacidade de desencadear pânico. Uma emoção dolorosa sentida com aceitação curiosa, em vez de resistência, pode começar a se mover através do corpo e da mente, em vez de ficar aprisionada. É por isso que práticas como a atenção plena (*mindfulness*), a meditação e o cultivo do silêncio interior são tão poderosas e clinicamente eficazes: porque são, em sua essência, métodos para treinar a capacidade de observar. Elas devolvem à consciência sua soberania – a capacidade de ser a perspectiva mais ampla a partir da qual o conteúdo mental é visto, em vez de ser apenas o próprio conteúdo mental reativo. E uma mente que aprende a observar seu próprio conteúdo com clareza, sem reagir automaticamente, sofre menos. Justamente por não ser arrastada pela torrente da reatividade impulsionada pelo medo ou pela raiva – e ganha espaço para escolher respostas mais alinhadas com valores, como a compaixão (por si e pelos outros), a paciência e a sabedoria.

O cérebro atento: foco, dispersão regulada e a neuroplasticidade da observação consciente

No cerne da capacidade de cultivar a consciência, como qualidade de presença, está a atenção. A atenção é, de fato, o primeiro gesto da consciência desperta e intencional. É ela que direciona a lente da nossa percepção, definindo o que será trazido para o primeiro plano da consciência para ser percebido, sentido, processado, compreendido e, porventura, armazenado na memória, influenciando futuras reações e comportamentos. É por isso que a capacidade de direcionar e sustentar a atenção – a atenção sustentada – não é apenas uma habilidade cognitiva útil para o trabalho ou para o estudo; ela é, na prática, um treinamento fundamental para a mente e um exercício de neuroplasticidade consciente.

A neurociência cognitiva e afetiva tem dedicado vasta pesquisa à atenção, identificando diferentes facetas dessa capacidade, todas relevantes para o cultivo da consciência:

- Atenção focada: a capacidade de manter a atenção em um único estímulo ou objeto (como a respiração, um som, uma imagem) e ignorar distrações.
- Atenção seletiva: a capacidade de escolher focar um estímulo relevante em detrimento dos irrelevantes.
- Atenção sustentada: a capacidade de manter a atenção focada ou seletiva por um período prolongado.
- Atenção plena (*mindfulness*): um modo de atenção que envolve estar ciente de *tudo* que surge na experiência presente – pensamentos, emoções, sensações, estímulos externos – sem focar rigidamente um único objeto e sem julgamento.

Práticas contemplativas, como a meditação de atenção plena, (*mindfulness*) atuam como um treinamento deliberado da atenção. Inicialmente, muitas práticas se concentram na atenção focada e sustentada (por exemplo, focar a respiração). Esse é um exercício de "musculação" para a atenção: a mente divaga (como é sua natureza), e a prática consiste em notar a divagação e gentilmente trazer a atenção de volta para o objeto escolhido, repetidas vezes. Essa repetição é o motor da neuroplasticidade.

Estudos usando técnicas de neuroimagem antes e depois de programas de treinamento de atenção plena (como o MBSR – *Mindfulness-Based Stress Reduction* –, um protocolo de oito semanas), ou comparando cérebros de meditadores experientes com os de grupos controle, têm demonstrado mudanças neuroplásticas mensuráveis associadas a esse tipo de treinamento:

- Alterações estruturais (densidade da massa cinzenta/espessura cortical): observa-se um aumento na densidade da massa cinzenta (que reflete o volume de corpos celulares neuronais e sinapses) ou na espessura cortical em áreas cerebrais cruciais para a atenção e a autorregulação:
  - Córtex pré-frontal (CPF): especialmente na região dorsolateral (CPFdl), envolvida no controle executivo, no planejamento, na memória de trabalho, na regulação cognitiva e na ventromedial (CPFvm), importante para a regulação emocional, para a tomada de decisão baseada em valor e para o processamento autorreferencial. O aumento nessas áreas apoia uma melhor capacidade de direcionar a atenção, inibir respostas impulsivas e gerenciar pensamentos e emoções de forma mais eficaz.
  - Córtex cingulado anterior (CCA): particularmente as partes dorsal (CCAd) e rostral (CCAr). O CCAd está envolvido na detecção de conflito (notar quando a mente divagou ou quando um padrão reativo está começando) e o CCAr na regulação emocional e no comportamento direcionado a objetivos. O aumento de densidade/atividade no CCA melhora a capacidade de monitorar o estado interno e de corrigir o curso quando a mente se desvia ou reage automaticamente.

- Ínsula: como já vimos, a ínsula é crucial para a interocepção e a consciência subjetiva dos estados corporais e emocionais. Práticas de atenção plena aumentam a atividade e a espessura da ínsula, aprimorando a capacidade de reconhecer as sensações físicas e emocionais sem ser imediatamente avassalado por elas – um passo vital para a regulação emocional.
- Hipocampo: conforme já foi dito, o hipocampo é vulnerável ao estresse e crucial para a memória e a regulação do eixo HHA. Estudos associam a prática de *mindfulness* com aumento no volume do hipocampo, sugerindo maior resiliência ao estresse e maior capacidade de processar memórias traumáticas.

• Alterações na conectividade funcional: além das mudanças estruturais, o treinamento da atenção modifica a forma como as diferentes áreas cerebrais se comunicam:
  - Fortalecimento das conexões córtico-límbicas: essa rede representa a base biológica do controle *top-down* (de cima para baixo) – a capacidade do cérebro pensante e regulador de modular a resposta do cérebro emocional reativo. Essa conectividade aprimorada é o que permite que, com a prática, sejamos capazes de observar uma sensação de ansiedade ou um pensamento amedrontador sem que a amígdala dispare o pânico total; assim, ganhamos a capacidade de sentir a emoção sem ser imediatamente sequestrado por ela.
  - Modulação da RMP e restauração da oscilação: o treinamento da atenção plena modula a atividade da RMP. Embora a RMP seja importante, a sua hiperatividade, especialmente em ruminação ou preocupação, contribui para o sofrimento. A meditação ajuda a reduzir a atividade tônica da RMP e, principalmente, a melhorar sua conectividade com as redes de controle atencional. Isso resulta em uma capacidade aprimorada de perceber quando a mente está divagando na ruminação e, assim, gentilmente "desengajar-se" daquele *loop* de pensamento para retornar a um foco escolhido ou a uma atenção aberta ao momento presente. Não é matar a RMP, mas ganhar flexibilidade e controle sobre ela.

- Melhora na filtragem talâmica: o tálamo funciona como uma estação retransmissora sensorial que filtra a vasta quantidade de informações sensoriais que chegam ao cérebro antes de enviá-las para o córtex para processamento consciente. Estudos[1] sugerem que o treinamento da atenção plena pode aprimorar a capacidade do tálamo de filtrar distrações sensoriais, permitindo uma atenção mais estável e focada no estímulo relevante, reduzindo a sobrecarga sensorial.

O mais fascinante e libertador é que o cérebro atento, com o tempo e a prática, se torna inerentemente um cérebro menos reativo. A prática regular de observar o conteúdo mental (pensamentos, emoções, sensações) com curiosidade e sem julgamento – mesmo em protocolos básicos como o MBSR – não apenas reduz significativamente a ativação da amígdala diante de estímulos percebidos como ameaçadores ou negativos, como também fortalece os circuitos do córtex cingulado anterior, melhorando a capacidade de resposta não reativa ao sofrimento.

Essa capacidade aprimorada de observar, de estar presente para a experiência sem ser imediatamente dominado por ela, cria um espaço interno vital. É o espaço a que Viktor Frankl se refere em sua famosa frase: "Entre o estímulo e a resposta há um espaço. Nesse espaço está o nosso poder de escolher". A neurociência nos mostra que esse espaço não é uma abstração, ele é construído e ampliado pelas mudanças neurais induzidas pela prática da atenção e da consciência. Quanto mais fortalecemos as redes de atenção e regulação e acalmamos as redes de reatividade e ruminação, maior se torna esse intervalo.

E esse espaço é, fundamentalmente, liberdade.

Liberdade para não se identificar automaticamente com cada pensamento negativo ("Eu sou um fracasso" passa a ser visto como "O pensamento 'eu sou um fracasso' surgiu"). Liberdade para não repetir o padrão comportamental

---

[1]Chiesa, A.; Serretti, A. (2010). A systematic review of neurobiological and clinical effect of mindfulness meditations. *Neuroscience & Biobehavioral Reviews*, 34(5), 629-641.
Hölzel, B. K.; Lazar, S. W.; Gard, T.; Schuman-Olivier, Z.; Vago, D. R.; Ott, A. N. (2011). How does mindfulness meditation work? Proposing mechanisms of action from a conceptual and neural perspective. *Perspectives on Psychological Science*, 6(6), 537-559.
Lutz, A.; Slagter, H. A.; Dunne, J. D.; Davidson, R. J. (2008). Attention regulation and monitoring in meditation. *Trends in Cognitive Sciences*, 12(4), 163-169.
Tang, Y. Y.; Hölzel, B. K.; Posner, M. I. (2015). The neuroscience of mindfulness meditation. *Nature Reviews Neuroscience*, 16(4), 213-225.

ou emocional herdado ou condicionado que surge automaticamente diante de um gatilho. Liberdade para escolher a resposta com consciência, alinhada com os próprios valores e com a realidade presente, em vez de ser impelido por impulsos reativos do passado.

A mente que aprende a observar com lucidez e sem julgamento seu próprio conteúdo ganha um nível de soberania e uma capacidade de escolha que transformam a experiência do sofrimento. Ela sofre menos *por reatividade automática* aos pensamentos e emoções e ganha a capacidade de responder com mais compaixão (por si e pelos outros), paciência e sabedoria.

A consciência como espaço sagrado: identidade além da narrativa e a dissolução do eu

Além da capacidade de direcionar a atenção e observar o conteúdo mental (pensamentos, emoções, sensações), a consciência humana possui uma dimensão mais profunda – um espaço inerente de ser que não é sinônimo da atividade incessante do pensamento. Existe em nós um espaço de consciência pura que não "pensa" no sentido discursivo ou analítico, mas sabe por percepção direta. Que não reage automaticamente a cada estímulo, mas percebe com clareza desapegada. Que não força um resultado ou uma compreensão, mas observa o fluxo da experiência com uma quietude vigilante.

Esse espaço sagrado interno, frequentemente negligenciado e obscurecido pelo barulho constante do pensamento e pelas exigências do mundo externo, é o núcleo da consciência profunda. Ele é o ponto de referência estável a partir do qual a torrente da vida mental pode ser testemunhada sem sermos arrastados por ela. Ao longo da história, a maioria das grandes tradições contemplativas e espirituais do mundo descreveu a experiência desse estado de consciência pura, dando-lhe diferentes nomes, mas apontando para uma realidade fenomenológica comum: a presença pura, a testemunha silenciosa, o espírito, a essência, o *Self* (com S maiúsculo), o vazio fértil (*sunyata*, no budismo) ou a quietude divina. Seja na meditação zen (em que se busca a "mente de principiante"), no sufismo (o estado de *fana*, a aniquilação do ego), na mística cristã (a união contemplativa), no Advaita Vedanta (a consciência testemunha *Sakshi*) ou na Kabbalah (o conceito de *Ayin*, o nada), a experiência apontada é a de transcender a identificação exclusiva com o ego narrativo e o pensamento incessante para repousar em um estado de pura *awareness* (consciência).

A neurociência contemporânea, particularmente por meio do estudo de meditadores experientes e da utilização de técnicas de neuroimagem durante estados meditativos profundos ou induzidos por substâncias psicodélicas (utilizadas em contextos de pesquisa controlada, para modelar estados de consciência expandida), começou a se aproximar da compreensão neurobiológica dessa experiência. Não para desmistificá-la ou reduzi-la a meros disparos neurais, mas para mapear seus correlatos neurais funcionais e estruturais. Uma descoberta consistente é a desativação, ou pelo menos uma modulação significativa, da RMP durante estados de meditação profunda ou de dissolução do eu. Como já vimos, a RMP é fortemente envolvida no pensamento autorreferencial, na construção da narrativa autobiográfica e na distinção entre o eu e o outro. Quando essa rede, particularmente suas conexões dentro do córtex pré-frontal medial e do córtex cingulado posterior, diminui sua atividade coordenada, a sensação usual de um eu separado, delimitado e continuamente narrando sua história pode se dissolver.

Outros correlatos neurais em investigação incluem alterações na conectividade funcional entre os lobos parietais (envolvidos na orientação espacial e na percepção dos limites corporais e do *self*) e outras áreas, bem como modulações na atividade da ínsula (consciência corporal) e do CCA (monitoramento). A ciência ainda está explorando a complexidade desses estados, mas as evidências sugerem que a experiência subjetiva de transcender o eu ou de se fundir com algo maior tem uma base neural ligada à modulação de redes cerebrais responsáveis pela nossa construção usual de identidade e separação.

A experiência subjetiva associada a essa modulação neural e ao acesso a esse espaço de consciência profunda é frequentemente descrita como:

- Dissolução do sentido de separação: a fronteira entre o eu e o mundo externo parece se tornar porosa ou desaparecer, gerando um senso de interconexão.
- Atemporalidade: a percepção do tempo linear (passado, presente, futuro) pode diminuir, restando apenas a plenitude do momento presente.

- Clareza sem esforço: uma percepção aguçada da realidade, tanto interna quanto externa, que não exige o esforço cognitivo usual da atenção direcionada.
- Paz profunda: um estado de serenidade que não depende das circunstâncias externas.
- Sentido de unidade ou pertencimento em uma conexão intensa com algo maior que o *self* individual.
- Integração corpo-mente: uma sensação de coesão e harmonia entre os aspectos físico, emocional e mental.

Esse é um estado de descanso consciente – não é sono, mas um repouso vigilante da atividade ininterrupta do ego pensante. E é, ao mesmo tempo, um estado de vigilância compassiva, pois a diminuição das defesas e da reatividade permite uma abertura maior para a experiência, incluindo o sofrimento (próprio e alheio), com uma atitude de aceitação e cuidado.

É fundamental notar que esse tipo de experiência de consciência expandida não é exclusividade de monges em retiros isolados ou de práticas místicas extremas. Embora o treinamento possa torná-la mais acessível e sustentável, essa experiência pode surgir espontaneamente em momentos da vida cotidiana: em um instante de *flow* (absorção total em uma atividade), em um momento de conexão profunda com outro ser humano, na contemplação da beleza avassaladora da natureza, durante uma risada profunda e libertadora ou em uma lágrima silenciosa que dissolve a tensão. O que importa não é o cenário externo em que a experiência acontece, mas a disposição interna para não interromper a presença desse estado com a atividade reativa do pensamento julgador ou da tentativa de controle.

A consciência, nesse sentido, é também um lugar de cura profunda. É ali, nesse espaço de observação sem esforço, que a dor – física ou emocional – pode ser sentida em sua crueza original, sem ser dramatizada ou amplificada pelas narrativas catastróficas do pensamento. É onde a tristeza pode ser acolhida como uma emoção passageira, sem se transformar em uma identidade fixa ("Eu *sou* triste"). É onde o pensamento negativo ou autocrítico pode ser reconhecido como apenas um pensamento surgindo na consciência, sem ser seguido automaticamente em seus *loops* de ruminação ou autojulgamento. Nesse estado de consciência observadora, a verdadeira reintegração acontece: o eu deixa de ser definido exclusivamente pela narrativa rígida do passado e pelas identificações do ego e passa a se reconhecer como um fluxo vivo e dinâmico de atenção, percepção e ser. Uma identidade menos rígida, menos defensiva, mais flexível, inerentemente mais compassiva (pois a amígdala está mais calma e a RMP menos centrada em si mesma) e menos inflamada pelas exigências e julgamentos do mundo externo.

E talvez seja esse o movimento mais importante do caminho da longevidade que transcende a simples extensão cronológica dos anos: não apenas manter o corpo vivo a qualquer custo, mas manter a consciência desperta e acessível, para que a vida, de fato, seja plenamente vivida, momento a momento, com presença, profundidade e significado.

A consciência como bússola interna: habitar-se é o gesto essencial de resistência e liberdade

No turbilhão da vida, frequentemente nos sentimos arrastados por forças que parecem estar além do nosso controle – emoções avassaladoras, pensamentos intrusivos, impulsos reativos, exigências externas implacáveis. Mas a maior liberdade que um ser humano pode conquistar não reside na manipulação do mundo exterior nem na eliminação de todos os desafios. Ela reside na capacidade de, diante de um pensamento angustiante, uma emoção invasiva ou uma memória que lateja com a dor do passado, escolher não reagir imediatamente, de forma automática.

Habitar esse intervalo – o espaço entre o estímulo e a resposta, já citado anteriormente e que Viktor Frankl identificou como a sede da liberdade humana – é, talvez, o gesto mais fundamental e revolucionário que a consciência pode realizar. Porque é nesse espaço, criado e ampliado pela prática da observação atenta, que rompemos as cadeias dos padrões automáticos e reativos que aprendemos ao longo da vida e que mantêm o passado vivo no presente. É nesse espaço que começamos, enfim, a escolher nossas respostas com lucidez, alinhadas com nossos valores mais profundos e com a sabedoria do momento presente, em vez de sermos impulsionados por condicionamentos ou medos inconscientes.

A consciência, nesse sentido expandido, atua como uma bússola interna silenciosa. Ela não dita ordens, não exige um caminho a ser seguido, não se impõe com força bruta. Mas, simplesmente por estar presente e observar com clareza, ela oferece - apontando para a realidade do momento, para as reações automáticas que estão surgindo - a possibilidade de uma escolha diferente. E, ao fazê-lo, ela nos convida a retomar a autonomia que os automatismos diários, as pressões externas e as narrativas internas herdadas frequentemente roubam de nós. Vivemos grande parte da vida guiados por narrativas preexistentes: o que devemos sentir em determinadas situações, como devemos reagir para ser aceitos ou bem-sucedidos, o que realmente significa vencer, fracassar, ou como devemos lidar com o sofrimento. Mas, quando a consciência desperta - não a consciência puramente intelectual ou racional, mas a atenção plena radical, compassiva e encarnada -, percebemos que é possível sustentar o olhar sobre essas narrativas culturais e pessoais e observá-las em sua construção e impermanência, sem nos confundir com elas, sem acreditar que são o retrato da realidade ou do nosso ser.

Essa liberdade conquistada por meio da consciência não é eufórica ou extravagante. Ela é serena e fundamentada. Não se trata de anestesiar a dor da existência ou as feridas do passado, mas de não ser mais capturado ou definido por essa dor. A mente que aprende a observar seu conteúdo sem julgamento ganha fôlego - um espaço vital para respirar antes de reagir, um espaço para processar a experiência com mais sabedoria. E esse fôlego devolve à vida aquilo que a pressa, a reatividade e a inconsciência haviam sequestrado: profundidade. Porque uma existência vivida sem consciência, no piloto automático da reatividade e das narrativas não examinadas, pode até durar muitos anos em termos cronológicos, mas jamais será verdadeiramente vivida em sua plenitude, riqueza e significado.

E talvez seja esse o ponto de inflexão crucial deste capítulo e um dos temas centrais deste livro: entender que a consciência - cultivada por meio da atenção, da pausa e da observação - não é um fim espiritual esotérico reservado a ascetas ou iluminados, mas uma ferramenta prática, acessível e poderosa de saúde, integridade e longevidade vivida. Uma mente consciente é, em nível neurobiológico, uma mente menos inflamada, menos fragmentada, menos exausta pela luta constante contra si mesma e contra um mundo percebido como ameaçador. Um ser humano que cultiva essa mente não apenas tem o potencial de viver mais, ele vive com presença, clareza, autonomia e direção interna, capaz de encontrar sentido mesmo diante da adversidade.

Nos capítulos seguintes, aprofundaremos o campo da espiritualidade prática – abordada não como um conjunto de dogmas ou crenças religiosas específicas, mas como a busca e a vivência de um sentido que transcende o ego, a conexão com algo maior que o *self* e a experiência de pertencimento a um todo interconectado. Veremos como essa busca e essa experiência têm implicações profundas para a neuroproteção e para a construção de uma arquitetura de sentido que sustenta a resiliência. Porque a consciência, quando amadurece e se aprofunda através da prática da observação, não se contenta em apenas observar o conteúdo da mente, ela se expande naturalmente para uma experiência de pertencer – a um corpo, a uma comunidade, à natureza, ao universo. A mente que observa se torna a mente que percebe a teia da vida, encontrando nessa percepção não uma teoria, mas uma experiência encarnada de conexão e sentido profundo. É uma jornada da atenção ao pertencimento, da mente que observa à mente que se sente parte de um todo.

Capítulo 7

O ESPÍRITO QUE SUSTENTA: FÉ, INTEGRAÇÃO E NEUROPROTEÇÃO EXISTENCIAL

O ser humano é um animal que precisa de
esperança tanto quanto de alimento.
Dalai Lama

Após nossa jornada pelo cérebro que sente, pelas redes da dor e da cura, pela memória que guarda o passado, pelo vínculo que nos molda e pelo tempo interno que nos governa, chegamos a uma dimensão da experiência humana que, por vezes, parece transcender a própria biologia e a psicologia: a busca por um sentido último. Essa busca inerente, essa propensão a olhar para além do tangível e do imediato, a questionar sobre nossa origem, nosso propósito, o mistério da existência, a natureza do sofrimento e da morte e nossa conexão com algo maior do que o nosso eu – essa é a essência do que, em seu sentido mais amplo e fundamental, podemos chamar de espiritualidade. Embora essa busca tenha sido frequentemente moldada, e por vezes desfigurada ou instrumentalizada por dogmas rígidos, instituições religiosas, rituais específicos e disputas de poder ao longo da história humana, a necessidade subjacente a ela é profundamente legítima. Mais do que isso, é vital para o bem-estar e a saúde integral do ser humano.

A espiritualidade, quando compreendida não de forma restrita a uma religião em particular, mas como uma conexão profunda e significativa com algo maior do que o ego, com o transcendente – seja esse algo maior nomeado como Deus, o Divino, a Natureza, a Consciência Universal, a Humanidade, o Cosmos ou simplesmente o mistério insondável da existência –, torna-se uma estrutura de sustentação psíquica, emocional e fisiológica de imenso poder. Ela fornece uma base para a esperança (conforme a sabedoria do Dalai Lama ressalta), um quadro de referência para compreender o sofrimento e a adversidade, uma fonte de valores e de orientação moral, um senso de pertencimento a algo vasto e duradouro e, principalmente, um caminho para a transcendência do ego e de suas limitações. Em tempos de crise, incerteza ou perda, essa estrutura espiritual pode ser o que permite ao indivíduo encontrar força para perseverar e reintegrar sua experiência fragmentada.

A ciência, que por muito tempo manteve uma distância cética ou até hostil em relação a tudo que soava espiritual, tem gradualmente desenvolvido métodos e uma abertura conceitual que permite investigar os efeitos mensuráveis dessa dimensão da vida humana. Não se trata de provar ou refutar a existência de divindades ou realidades metafísicas, mas de estudar a experiência espiritual, as práticas associadas a ela e o impacto que têm no cérebro, no corpo e no comportamento humano. E as descobertas são notáveis e consistentes.

Estudos longitudinais e epidemiológicos de larga escala, conduzidos por instituições de pesquisa de renome mundial, como Harvard, Duke, Stanford, a Universidade de Chicago e muitas outras, vêm acumulando um corpo de evidências que demonstram correlações significativas entre práticas espirituais regulares (como frequentar serviços religiosos, oração, meditação, estudo de textos sagrados, voluntariado em uma comunidade espiritual) ou um forte senso de espiritualidade subjetiva e uma série de resultados positivos de saúde e bem-estar. As descobertas incluem, consistentemente:

- Maior longevidade: indivíduos com maior engajamento espiritual ou religioso tendem a viver mais tempo.
- Melhor saúde mental: menores índices de depressão, ansiedade e transtornos de abuso de substâncias entorpecentes e maiores níveis de otimismo, esperança, satisfação com a vida e bem-estar psicológico. A espiritualidade pode atuar como um poderoso fator protetor contra o desenvolvimento de transtornos mentais ou como um recurso de enfrentamento de tais transtornos.
- Recuperação mais rápida: pessoas com fortes crenças ou práticas espirituais tendem a se recuperar mais rapidamente de doenças físicas, cirurgias e eventos médicos adversos.
- Menor risco de suicídio: a afiliação religiosa e o senso de espiritualidade são consistentemente associados a taxas mais baixas de suicídio.
- Melhor saúde física: associações com menor pressão arterial, melhor função imunológica, menor risco de doenças cardiovasculares e inflamatórias.

Essas descobertas sugerem fortemente que não se trata apenas de "crença" no sentido abstrato, mas de algo que se traduz em efeitos tangíveis e mensuráveis no organismo. Trata-se, de fato, de neurobiologia em ação. A experiência e a prática da fé e da espiritualidade ativam e modulam redes e sistemas cerebrais específicos que estão intrinsecamente ligados à nossa capacidade de autorregulação, resiliência e bem-estar.

Espiritualidade e neurociência: um diálogo possível e a base empírica/neural do espírito que sustenta

Durante grande parte da história moderna, espiritualidade (frequentemente associada à religião) e ciência caminharam em trilhas separadas, muitas vezes vistas como domínios rivais ou mutuamente exclusivos. A ciência, focada no observável, mensurável e replicável do mundo material, desconfiava da natureza subjetiva e não verificável da experiência espiritual. No entanto, à medida que os métodos científicos se tornaram mais sofisticados – permitindo investigar processos subjetivos e complexos por meio de marcadores fisiológicos e neurais – e que a própria ciência adotou uma perspectiva menos rigidamente materialista e reducionista, surgiu um espaço fértil para um diálogo mais construtivo. Reconhecer que a experiência espiritual pode ser investigada em seus correlatos neurofisiológicos e em seus impactos funcionais não significa desmistificar ou reduzir o sagrado, mas sim expandir nossa compreensão da profundidade da experiência humana e dos mecanismos biológicos que podem estar envolvidos.

As pesquisas pioneiras de neurocientistas, como Andrew Newberg, da Universidade Thomas Jefferson, foram cruciais para abrir esse caminho. Utilizando técnicas de neuroimagem, como tomografia computadorizada por emissão de fóton único (SPECT), Newberg e colaboradores estudaram a atividade cerebral de indivíduos em estado de profunda prática espiritual ou contemplativa – incluindo monges tibetanos em meditação, freiras franciscanas em oração e praticantes de meditação experientes. Os resultados foram fascinantes. Durante os picos de suas experiências mais profundas, esses indivíduos apresentaram padrões de atividade cerebral distintos, incluindo:

- Aumento da atividade no córtex pré-frontal: particularmente no córtex pré-frontal medial (CPFM), uma área envolvida na autoconsciência, na regulação emocional, na tomada de decisão baseada em valores e, principalmente, no processamento da relação entre o eu e o outro ou entre o eu e conceitos abstratos, como o divino ou o universal. A atividade aumentada nessa área pode estar ligada ao senso de propósito, significado e integração do eu na experiência espiritual.
- Atividade em áreas límbicas e na ínsula: modulações na atividade de áreas associadas à consciência interoceptiva, empatia e sentimentos subjetivos complexos e no córtex cingulado (anterior e posterior), envolvido na regulação emocional, na detecção de conflitos e no processamento do sofrimento.
- Modulação nos lobos parietais: notavelmente, alguns estudos de Newberg observaram uma diminuição da atividade em partes do lobo parietal superior (particularmente na área de orientação de associação posterior), regiões envolvidas em nos dar um senso de orientação espacial e dos limites do corpo e do eu no espaço. A diminuição da atividade nessas áreas durante estados meditativos profundos foi correlacionada com a redução subjetiva do senso de um eu separado e delimitado e a experiência de unidade ou fusão com o ambiente ou com algo maior, um fenômeno central em muitas experiências místicas e contemplativas.

Essas experiências, mapeadas em nível neurofisiológico, não são alucinações, no sentido patológico, mas estados modificados de consciência que possuem assinaturas neurais mensuráveis e que parecem facilitar experiências subjetivas de paz, unidade e transcendência.

E, o que é mais importante ainda, os benefícios dessas experiências e práticas não se limitam aos momentos de pico contemplativo, eles se mantêm e se acumulam no cotidiano, modulando a biologia do indivíduo em longo prazo. Pessoas que mantêm práticas espirituais consistentes tendem a apresentar:

- Menor ativação da amígdala: estudos demonstram que praticantes regulares de oração contemplativa ou meditação exibem menor ativação da amígdala (o centro do medo) em resposta a estímulos estressantes ou negativos, refletindo uma redução na reatividade ao medo e maior resiliência emocional.
- Maior VFC: práticas espirituais contemplativas, como a oração silenciosa ou a meditação, que promovem estados de calma e relaxamento, ativam o sistema nervoso parassimpático (nervo vago) e estão associadas a uma VFC mais alta.
- Melhor regulação do eixo HHA: o senso de segurança, propósito e conexão proporcionado pela espiritualidade pode criar um espaçamento na resposta ao estresse, levando a um padrão mais saudável de liberação de cortisol ao longo do dia.
- Maior capacidade de lidar com adversidades: a estrutura de sentido e os recursos internos e sociais (comunidade espiritual) fornecidos pela espiritualidade aprimoram a capacidade do indivíduo de enfrentar perdas (luto), frustrações, incertezas e dilemas morais complexos, com maior resiliência e menor desintegração psíquica. A fé e a espiritualidade, quando genuínas e não dogmáticas, não infantilizam nem prometem ausência de dor; pelo contrário, parecem amadurecer o indivíduo, fortalecendo sua capacidade de navegar as complexidades e o sofrimento da vida de forma mais íntegra e com propósito.

Esse amadurecimento biológico e psicológico se reflete em comportamentos e escolhas mais adaptativas no cotidiano: maior coerência entre valores e ações, maior capacidade de formar e manter relações estáveis e profundas e uma saúde mental globalmente mais resiliente diante dos desafios inevitáveis da existência. O diálogo entre espiritualidade e neurociência, portanto, revela que a busca pelo transcendente e as práticas associadas a ela não são meras crenças abstratas, mas forças poderosas que alinham os sistemas biológicos e psicológicos em direção à saúde e à resiliência.

Espiritualidade como coerência: reencontrar o eixo em tempos líquidos e fragmentados

Em um mundo que parece escorrer entre os dedos, em que as estruturas tradicionais – das famílias nucleares às comunidades geográficas, das carreiras lineares aos sistemas de valores compartilhados – se tornaram fluidas, provisórias e reversíveis, o ser humano contemporâneo enfrenta um desafio existencial particular: a perda do eixo. Predomina a sensação de que falta um centro estável, uma âncora interna que possa sustentar a identidade e a navegação pela vida em meio à incerteza e à mudança constante. O sociólogo Zygmunt Bauman, ao criar o termo "modernidade líquida", como já mencionamos, capturou com precisão esse cenário, em que tudo é fluido, em que os vínculos são superficiais e a busca por segurança em um terreno movediço gera ansiedade e fragmentação.

Nesse contexto de fragilidade e incerteza, a espiritualidade emerge, não como um ornamento cultural ou uma fuga da realidade, mas como uma estrutura vital de sustentação. Espiritualidade, nesse caso, transcende a afiliação a uma religião institucional específica (embora para muitos seja encontrada assim), ela é sinônimo de um senso de coerência interna profunda, de um eixo que permanece quando o externo se desfaz, de um centro silencioso que oferece estabilidade e direção em tempos de caos.

Essa coerência existencial proporcionada por uma perspectiva espiritual – seja ela teísta, panteísta, humanista ou puramente baseada em valores e conexão com o mistério – atua como um poderoso antídoto contra a fragmentação psíquica. Ela oferece um quadro de referência estável para compreender o mundo, a si mesmo e as experiências vividas, incluindo o sofrimento e a adversidade. Em vez de se sentir à deriva em um mar de eventos desconexos, o indivíduo que tem um eixo espiritual pode tecer suas experiências em uma narrativa de vida que possui um sentido maior, mesmo que esse sentido não elimine a dor nem a dificuldade do momento. Como já dissemos anteriormente, ter um senso de continuidade narrativa é crucial para a identidade e a saúde mental, e a espiritualidade oferece uma metanarrativa que pode integrar até mesmo os fragmentos mais dolorosos e traumáticos em um todo significativo.

Essa coerência se traduz em resiliência. Pessoas com um senso claro de propósito espiritual – mesmo que não o nomeiem como religião – demonstram maior capacidade de enfrentar traumas e de se recuperar deles, maior estabilidade afetiva e menor propensão à ruminação mental e à preocupação excessiva. Ter um porquê último, enraizado em uma visão espiritual da existência, oferece um motivo para perseverar, uma fonte de esperança que transcende as circunstâncias imediatas.

A espiritualidade, portanto, oferece um espaço interno de escuta em que a dor pode ser sentida, validada e processada, sem que se torne a sentença final sobre a identidade ou o destino do indivíduo. Ela permite que a culpa, vista como um peso estático, se transforme em responsabilidade ativa (a capacidade de responder) e que a vergonha paralisante se dissolva na aceitação. O medo, frequentemente o motor da reatividade, pode, em um contexto espiritual de confiança, converter-se em uma forma de entrega confiante a um fluxo maior da vida. Essa perspectiva espiritual reorganiza a biografia interna, não apagando o sofrimento vivido, mas oferecendo um novo significado a ele, recontextualizando-o dentro de uma jornada maior de crescimento, aprendizado ou propósito. E o que ganha sentido, o que é integrado a uma narrativa maior, perde seu poder de aprisionar ou paralisar.

Nesse processo de reencontrar o eixo e reconstruir a coerência interna, práticas simples, muitas vezes encontradas em tradições espirituais, atuam como recursos terapêuticos com base empírica. A oração contemplativa ou a meditação cultiva a atenção, modula a RMP e a amígdala e acessa estados de calma e conexão. O silêncio ritualizado permite a escuta interna e a regulação do SNA. O perdão ativo (a si mesmo ou aos outros), que é um processo psicológico complexo com dimensões espirituais, tem sido associado a benefícios cardiovasculares e imunológicos, além de liberar o indivíduo do peso crônico da raiva e do ressentimento. A gratidão deliberada – focar o que é bom e significativo – ativa circuitos de recompensa no cérebro e muda o viés atencional para o positivo, promovendo bem-estar.

Essas práticas não são poderosas apenas porque aliviam sintomas temporariamente, mas também porque participam ativamente da reorganização da biografia interna e da reconsolidação mnêmica – o processo em que as memórias, ao serem reativadas, podem ser atualizadas com novas informações e contextos. Uma perspectiva espiritual ou a prática de gratidão, por exemplo, pode fornecer a "nova luz" que permite olhar para uma memória dolorosa com uma lente de aprendizado, resiliência ou propósito, alterando a forma como ela é armazenada e o impacto que tem no presente. A neurociência chama isso de reconsolidação. A tradição espiritual pode chamar de redenção – a capacidade de olhar para o passado com outros olhos, não para negá-lo, mas para integrá-lo em uma história de superação e significado e habitar o presente com outra qualidade de presença, mais livre, mais grata e mais conectada.

Fé como neuroproteção: a transcendência como alicerce biológico e existencial da saúde

Em um cenário saturado por informações e análises, mas frequentemente carente de uma direção clara ou um sentido profundo, a fé – quando compreendida não como a aceitação passiva de dogmas, mas como uma confiança genuína que nasce da escuta interna, da experiência e da entrega a algo maior – revela-se uma poderosa força neurobiológica de proteção. Não se trata de uma crença intelectual rígida, mas de uma postura fundamental diante da existência: uma confiança que transcende o controle imediato que o ego busca desesperadamente, a lógica cartesiana que tenta explicar tudo e o medo primordial que impulsiona o modo de sobrevivência.

Essa confiança profunda e existencial, quando cultivada, gera uma coerência fisiológica notável. O cérebro, ao sentir-se parte de algo maior ou ao confiar em um fluxo da vida que transcende sua capacidade de controle, diminui sua ativação do sistema de ameaça. Isso se traduz em:

- Regulação aprimorada dos sistemas de estresse: a confiança em algo maior ou a entrega a um propósito que transcende o ego reduz a percepção de ameaça existencial. Isso acalma o sistema nervoso simpático e regula o eixo HHA, diminuindo a exposição crônica a hormônios do estresse, como o cortisol.

- Tônus autonômico saudável: a sensação de segurança e de pertencimento a algo maior, intrínseca a muitas experiências espirituais, ativa o sistema nervoso parassimpático e fortalece o tônus vagal, promovendo relaxamento, melhor digestão e uma capacidade aprimorada de retornar à calma após o estresse.
- Fortalecimento do sistema imunológico: a redução do estresse crônico e da inflamação, mediada pela regulação do HHA e do SNA, contribui para um sistema imunológico mais robusto e eficaz na prevenção e no combate a doenças.
- Modulação da dor: a fé e a expectativa de alívio (componentes da esperança e da confiança) podem ativar os sistemas endógenos de controle da dor no cérebro (vias descendentes de inibição da dor), reduzindo a percepção da dor física. Mecanismos semelhantes são vistos no efeito placebo, e a fé parece alavancar essas vias.
- Reorganização da atividade cerebral: como vimos, a fé e as práticas espirituais modulam a atividade em áreas cerebrais associadas à regulação emocional (CCA, ínsula), à autopercepção (CPFM) e à sensação de limites do eu (lobo parietal), facilitando experiências de conexão, paz e transcendência.

A fé, quando não é uma fuga da realidade, mas um encontro profundo com uma confiança que sustenta, reorganiza a mente em direção ao essencial – o que realmente importa, o que permanece, o que transcende as perdas e as dificuldades do momento. É por isso que tradições milenares colocam a espiritualidade no centro do equilíbrio humano e da saúde comunitária. Elas intuíam, mesmo sem exames de ressonância magnética ou medições de cortisol, que o ser que se sente parte de algo maior, que possui uma estrutura de sentido que transcende o ego e a finitude imediata, adoece menos e, quando adoece, enfrenta a doença com menos desespero e mais recursos internos. A dor física e o sofrimento emocional não desaparecem magicamente. Mas eles encontram um lugar dentro de um contexto maior de significado. O caos do mundo e da experiência interna não se resolve inteiramente. Mas ele ganha um contorno simbólico – uma forma de compreensão ou de aceitação – que o torna habitável.

E essa habitabilidade interna, essa capacidade de permanecer presente e funcional mesmo em meio à adversidade, é o que permite a continuidade psíquica, a resiliência e a preservação da dignidade, mesmo quando tudo fora desmorona. Nesse sentido, a espiritualidade é um modo de preservar a dignidade inerente do ser humano, de se manter íntegro diante do sofrimento sem precisar negá-lo ou se desintegrar, de continuar pertencendo à vida e à comunidade, mesmo nos seus capítulos mais escuros e dolorosos. Ela não promete uma fuga da dor ou do inevitável, mas oferece sentido dentro da dor – e, quando há sentido, a esperança floresce e o desespero recua. A fé, então, se revela não como uma crença abstrata em dogmas distantes, mas como uma postura vital diante da existência: uma confiança que sustenta o indivíduo mesmo quando o chão sob seus pés parece faltar. É um alicerce biológico, psicológico e existencial.

Nos capítulos seguintes, mergulharemos justamente nessa dimensão mais desafiadora e inevitável da existência: o que acontece quando a dor chega em sua forma mais aguda e persistente? Quando o corpo enfraquece diante da doença, quando o luto se impõe com a perda de entes queridos, quando o fim da vida se aproxima e todas as nossas defesas e correrias se tornam irrelevantes? Como a espiritualidade – com sua ênfase no sentido, na transcendência e na conexão – e a neurociência do sagrado – com sua compreensão dos mecanismos neurais da paz, da unidade e da aceitação – podem atuar como companhia (para o indivíduo não se sentir só), como estrutura (oferecendo um quadro de sentido) e como travessia (facilitando a passagem por momentos difíceis)? Exploraremos como integrar a sabedoria biológica e a sabedoria espiritual para enfrentar a finitude com consciência, dignidade e, talvez, até uma medida de paz.

Porque o fim da vida, a perda e o sofrimento, quando acolhidos não com desespero reativo, mas com a consciência lúcida e a perspectiva da transcendência e do sentido, deixam de ser uma ameaça final e esmagadora. E passam a ser, em uma profunda virada de perspectiva, uma passagem – parte do grande e misterioso fluxo da existência a que, em nossa essência mais profunda, pertencemos.

Capítulo 8

CICLOS INVISÍVEIS: TRANSFORMAÇÃO, RUPTURA E REINTEGRAÇÃO DA MENTE

A mente que se expande a partir de uma nova experiência jamais retorna ao seu tamanho original.
Oliver Wendell Holmes Jr.

A vida humana é, por sua natureza fundamental, um fluxo contínuo de transformação e mudança. Não se trata de uma linha reta ininterrupta, mas de uma série intrincada de ciclos, com inícios e, inevitavelmente, finais. No entanto, nem todos esses finais são marcados por rituais claros ou reconhecimento social. Nem toda dor que experimentamos se origina de uma causa física visível ou se encaixa em um diagnóstico formal. Nem toda perda que sofremos culmina em um luto formalmente reconhecido e validado pela comunidade. Há uma vasta paisagem de ciclos invisíveis e perdas inominadas que pontuam nossa existência e que, justamente por sua invisibilidade e falta de reconhecimento, podem se tornar fontes potentes de sofrimento e desorientação psíquica.

Pense nas experiências que nos desmontam por dentro, mas que não vêm acompanhadas de um roteiro que nos ajude a processá-las: a separação não compreendida de um amigo de longa data, que simplesmente se afasta sem explicação; a perda de um ideal acalentado por anos, seja de carreira, relacionamento ou futuro planejado, que se prova irrealizável; o fim de uma fase da vida (como a saída dos filhos de casa, a aposentadoria, a mudança de uma cidade querida), que chega cedo demais ou sem que estejamos preparados; a dissolução de uma crença limitante (acreditar que havia apenas aquele caminho ou *modus operandi*) que dava sentido ao mundo; a mudança radical na identidade após uma doença grave ou um evento que altera a capacidade física. Vivemos essas transições silenciosamente, muitas vezes sem rituais de passagem que marquem claramente o antes e o depois, sem uma linguagem compartilhada para expressar a complexidade da dor e da ambivalência e, frequentemente, sem testemunhas que possam validar a realidade da nossa perda e do nosso sofrimento.

Essa falta de reconhecimento formal (rituais), de capacidade de articular a experiência (linguagem) e de validação externa (testemunhas) faz com que essas transições e perdas invisíveis sejam frequentemente silenciadas por nós mesmos (por não saber como processá-las) e pelo ambiente (por não haver espaço para expressá-las). Esse silêncio forçado empurra o processo de luto e transformação para o subsolo da psique e do corpo, onde ele continua a operar de forma não integrada. No entanto, essas experiências silenciosas moldam a mente com uma profundidade surpreendente – reconfigurando nossas crenças mais arraigadas, alterando nossas sensibilidades emocionais e reestruturando nossos padrões de reação.

A vida psíquica, portanto, é uma sucessão de ciclos de inícios, interrupções e reinícios. Mas quando esses ciclos – particularmente os de interrupção e finalização – não são nomeados, reconhecidos e processados de forma consciente e apoiada, a mente adoece. O que deveria ter sido encerrado no passado (uma relação que terminou, um projeto que falhou, uma fase da vida que se encerrou) permanece em suspensão, drenando energia psíquica. O que deveria ter sido assimilado como aprendizado ou como parte da história de vida (a dor da perda, a frustração do ideal não alcançado) se torna sintoma – ansiedade difusa, fadiga inexplicável, irritabilidade persistente, padrões de repetição inconsciente. E o que poderia ter sido um processo de crescimento e expansão se transforma em rigidez – uma mente e um corpo que se fecham para evitar novas perdas, presos em padrões defensivos.

É por isso que uma abordagem eficaz para a saúde mental e o bem-estar não se resume apenas a tratar a dor como um problema isolado a ser eliminado. Estamos falando, fundamentalmente, de olhar para a dor – em suas múltiplas manifestações, visíveis e invisíveis – como um sinal, como parte de um processo de transição psíquica que está em curso, mesmo que de forma subterrânea. A dor nos indica que um ciclo está tentando se completar, que algo antigo está resistindo a ir embora ou que algo novo está tentando nascer. A pergunta essencial diante da dor, nesse contexto, não é apenas "Por que estou sentindo isso?", mas "O que está tentando morrer em mim – que crença limitante, que identidade, que apego, que expectativa – para que outra parte possa nascer e uma nova fase da vida possa se iniciar?".

Reconhecer a dor como parte dessa transição psíquica é o primeiro passo para navegar esses ciclos invisíveis com mais consciência e resiliência.

A mente diante da ruptura: trauma, perda e o convite à reorganização biológica e psicológica

Toda ruptura significativa na trama da vida – seja um trauma pontual avassalador, uma perda marcante, uma desilusão profunda que abala as bases da confiança, seja a quebra de um ciclo vital que não é processada – tem um custo imediato e duradouro para a mente e o corpo. Mas, paradoxalmente, toda ruptura também contém um apelo inerente: o convite à reorganização.

O trauma, em sua definição mais ampla (como uma experiência que sobrecarrega a capacidade de enfrentamento e integração do organismo), não é apenas o impacto inicial de um evento doloroso e ameaçador. Ele é, crucialmente, o que acontece depois, quando a mente e o sistema nervoso perdem a capacidade de processar, assimilar e reintegrar a experiência que a realidade impôs. O que se rompe, diante de um trauma ou de uma perda avassaladora, não é apenas a circunstância externa, é a coerência interna (a sensação de que a vida faz sentido), a previsibilidade (a crença de que o mundo é relativamente seguro e ordenado), a confiança básica –

no mundo, nos outros e em si mesmo – e, em última instância, o sentido que atribuíamos àquela parte da vida.

A neurociência do trauma revelou o custo biológico dessa ruptura na coerência interna: experiências abruptas, inesperadas ou vividas em isolamento e sem suporte (negligenciadas no sentido relacional) desorganizam a forma como a memória é codificada, gerando registros fragmentados e intrusivos (memória somática e emocional). Elas alteram fundamentalmente o eixo HHA e o SNA, levando a uma ativação crônica do modo de luta, fuga ou congelamento e enfraquecendo a resposta parassimpática de recuperação e segurança. O corpo fica preso em um estado de alerta ou colapso que reflete a ruptura interna.

No entanto, a ruptura não precisa se tornar ruína permanente. Embora o impacto inicial possa ser devastador, a própria quebra de padrões antigos e rígidos abre um espaço, um hiato, em que uma nova forma de presença pode emergir, uma presença que não está mais presa aos padrões que foram quebrados pela experiência. É nesse ponto de fissura, nesse convite forçado à desorganização, que reside a potencialidade para a reconstrução. E é aqui que a psicologia, a espiritualidade e a neurociência encontram um terreno comum e profundo: todas reconhecem que certas dores, embora indesejadas e difíceis, não são meros obstáculos a serem removidos, mas portais de reconstrução – caminhos que, se atravessados com suporte e consciência, podem levar a uma versão mais integrada e resiliente do ser.

Atravessar esses portais, no entanto, exige reconhecer que o cérebro humano, dotado de uma notável plasticidade ao longo de toda a vida, é capaz de reaprender – de construir novos mapas neurais e novas formas de ser – mesmo após as rupturas mais profundas. Mas esse reaprendizado não acontece por si só. Ele é facilitado e impulsionado por recursos essenciais:

- Sentido: encontrar ou construir um sentido para a experiência da ruptura. A dor da perda, do trauma ou da desilusão torna-se mais suportável e processável quando é integrada a uma narrativa maior que lhe confere propósito, significado ou aprendizado. "Quando o sofrimento encontra um sentido, ele se torna suportável", como Viktor Frankl tão poderosamente observou a partir de sua própria travessia do horror. A busca e a atribuição de sentido são um motor biológico que ativa redes neurais de resiliência.

- Vínculo: a conexão segura com outros – seja em terapia, em amizades de confiança, em comunidade – fornece o ambiente de segurança relacional necessário para processar as emoções intensas que a ruptura evoca e para reconstruir a confiança no mundo e nos outros. A corregulação relacional acalma o sistema nervoso e permite que o cérebro se abra para o processamento e a integração.
- Tempo: permitir o tempo interno necessário para o processo de luto, reflexão e integração, sem a pressa imposta pela cultura moderna de "superar" rapidamente. A pausa, o silêncio e o respeito aos ritmos biológicos fornecem o espaço interno para a assimilação da experiência.
- Consciência/atenção: a capacidade de trazer atenção plena e não julgadora para as sensações, emoções, pensamentos e memórias que surgem em resposta à ruptura. Observar esses conteúdos internos com clareza cria o espaço entre o estímulo e a resposta, permitindo a escolha de uma resposta consciente em vez da reatividade automática.
- Prática: engajar-se em práticas deliberadas (*mindfulness*, *journaling*, terapias somáticas, terapias baseadas em trauma, rituais) que facilitem o acesso e o processamento da memória fragmentada e somática associada à ruptura e promovam a plasticidade adaptativa.

O processo de cura após a ruptura não é sobre apagar a dor ou "esquecer" o que aconteceu. É sobre transformar a dor em narrativa coerente (que pode ser integrada na história de vida), em aprendizado (que informa futuras escolhas e comportamentos) e em maturidade emocional (uma capacidade aprimorada de sentir, tolerar e regular emoções intensas). A mente, ao dar nome ao que doeu, ao articular a experiência da ruptura, ao tecê-la em uma história que inclui a dor, mas não se detém nela, começa ativamente a reescrever seus próprios circuitos neurais. Essa é a neuroplasticidade guiada pelo processamento consciente e apoiado. Novas vias neurais são fortalecidas, que conectam a memória da ruptura a diferentes estados cognitivos (menos ameaçadores, mais realistas), possibilitando respostas emocionais mais reguladas e um repertório comportamental mais flexível.

O que antes era percebido apenas como uma ameaça esmagadora que paralisava e gerava reatividade automática (a resposta do cérebro ao trauma não processado) passa, gradualmente, a ser parte de uma história integrada, um capítulo difícil, mas que faz parte da jornada da vida e que contribuiu para o amadurecimento da pessoa. Essa transição da ruptura como ameaça presente para a ruptura como parte de uma história integrada no passado, é o cerne da cura e do crescimento pós-disrupção.

Reintegração emocional: a arte consciente de encerrar ciclos para poder seguir adiante

A sociedade contemporânea é obcecada por começos. Celebramos novos projetos, novos relacionamentos, novas fases de vida, novos inícios de ano. Mas, paradoxalmente, somos terrivelmente ineficazes e desconfortáveis com os encerramentos. Não temos linguagem clara, rituais sociais ou paciência para lidar com a complexidade e a dor dos finais – o fim de um relacionamento (romântico, de amizade, profissional), o fim de um sonho acalentado, o fim de uma identidade antiga que já não serve mais. E é precisamente por não saber como lidar com o encerramento de forma consciente e integrada que com frequência adoecemos. O que deveria ter se completado no passado permanece em um estado de suspensão psíquica, como um ruído de fundo constante, drenando energia vital e impedindo que a mente se liberte para o presente e o futuro.

Quando um ciclo não é encerrado com clareza interna, a mente, em sua tentativa de processar o que ficou incompleto, entra em um *looping*, um padrão de repetição mental. Recriamos cenas da perda ou da ruptura, reinventamos desfechos que nunca aconteceram, nos perdemos em pensamentos sobre "o que eu deveria ter dito ou feito" ou "o que o outro deveria ter sido ou feito". Essa ruminação constante consome uma quantidade enorme de energia cognitiva e emocional, mantendo o sistema nervoso em estado de alerta ou esgotamento. A memória do evento fica presa no sistema implícito, pronta para ser reativada por gatilhos, pois o cérebro não conseguiu arquivá-la devidamente como passado.

A reintegração emocional é, portanto, uma prática ativa de saúde mental e neurobiológica. Não se trata de esquecer a perda ou a ruptura (algo impossível e indesejável), mas de integrar a experiência de forma que ela possa residir no passado sem nos aprisionar no presente. Encerramento, nesse sentido, não é esquecimento, é integração. É a arte de dar um ponto final interno a um ciclo, mesmo que externamente suas consequências permaneçam.

Essa prática de reintegração envolve várias etapas, que se interconectam com os recursos que exploramos ao longo do livro:

- Reconhecer o ciclo: nomear a perda ou o final – "essa amizade acabou", "esse projeto falhou", "essa fase da minha vida se encerrou". Colocar a experiência em palavras é o primeiro passo para trazê-la para a consciência e iniciar o processamento.
- Validar a dor: permitir-se sentir a dor inerente ao encerramento e à perda – a tristeza, a raiva, a frustração, o medo, a desilusão. Escutar a linguagem do corpo e das emoções sem julgamento e com autocompaixão. Resistir à pressão cultural para superar rapidamente. A validação interna e, principalmente, a validação por testemunhas (pessoas de confiança) é fundamental para o processamento da dor.
- Aceitar a perda: chegar a um acordo profundo, em nível cognitivo, emocional e corporal, com a realidade do que não é mais. Aceitar que as coisas não voltarão a ser como eram ou como se esperava que fossem. Esse é um processo gradual, não um evento único.
- Seguir: ser capaz de direcionar a energia psíquica e comportamental para o presente e o futuro, sem ser constantemente puxado de volta pelo passado não resolvido. Isso não significa que a memória da perda não surgirá, mas que, ao surgir, ela será sentida como uma lembrança do passado, não como uma ameaça ou um sofrimento presente.

A reintegração emocional não é um processo passivo, que simplesmente acontece com o passar do tempo cronológico. Ela exige um tempo sentido, um espaço interno para o trabalho ativo de processamento. Exige linguagem para dar forma ao inominável, escuta interna e externa para validar a experiência, tempo (paciência consigo mesmo e com o processo) e apoio (vínculo seguro), para que a vulnerabilidade de sentir a dor seja possível. Exige, sobretudo, coragem – a coragem de olhar para o que foi perdido, de sentir a dor da despedida e de se despedir internamente do que já não tem mais lugar ou já não é possível, mesmo que o apego ou a dor ainda existam.

As tradições espirituais e culturais, ao longo da história, sempre entenderam a importância de marcar os encerramentos e as transições. Elas nos mostram rituais de passagem – cerimônias, gestos simbólicos, períodos de recolhimento –, não por mera superstição, mas por serem imbuídas de profunda sabedoria psicológica e biológica. Esses rituais fornecem marcos internos que ajudam a mente e o sistema nervoso a organizar a história emocional. Eles nomeiam a transição, fornecem linguagem compartilhada para expressar o luto, oferecem apoio social (testemunhas) e criam um espaço seguro para a experiência da perda, facilitando a técnica de processamento e aceitação. Sem esses marcos e processos, sem um pouso claro para a experiência que se viveu, a mente flutua entre o passado e o futuro, sem estar plenamente no presente, e o corpo responde com a desregulação associada à incerteza e ao estresse crônico (ansiedade, fadiga, bloqueios somáticos).

A reintegração emocional é, nesse sentido, o oposto da pressa. É o espaço interno em que a experiência, em vez de ser empurrada para baixo ou acelerada, encontra repouso, em que o vivido deixa de ser um ruído desorganizado e se transforma em memória integrada – um capítulo que pode ser revisitado com menos reatividade e mais compreensão. E em que a consciência, que antes estava refém do *looping* mental e da reatividade automática, enfim, retoma o leme da atenção e da escolha, podendo direcionar a energia para o presente e o futuro.

A dor como portal de crescimento e identidade: raízes forjadas na travessia da ruptura

Diante da inevitabilidade da dor e da ruptura na vida, uma das mais poderosas mudanças de perspectiva que podemos adotar é reconhecer que a saúde mental mais robusta não é definida pela ausência de dor, mas pela capacidade intrínseca de transformar a dor em aprendizado, crescimento e uma forma mais profunda de ser. Pessoas emocionalmente maduras não são aquelas que nunca sofrem, são as que não se desintegram ou não se definem exclusivamente pelo sofrimento. Elas sofrem, sim, mas com mais lucidez (consciência), mais presença (atenção ao momento) e mais entrega (aceitação do fluxo da experiência, muitas vezes ligada à fé ou à confiança). Elas sabem, por experiência ou intuição, que o sofrimento intenso não é o fim do caminho, mas transição, movimento, um chamado – muitas vezes forçado – para reavaliar a vida, reorganizar prioridades e realinhar a existência em torno do que realmente importa em um nível mais profundo.

Essa reorganização profunda, impulsionada pela necessidade de atravessar a dor da ruptura, começa na mente e na psique, mas reverbera de forma tangível no corpo, no estilo de vida e nas relações. A ciência do crescimento pós-traumático (CPT) estuda precisamente esse fenômeno: as mudanças psicológicas positivas que podem ocorrer como resultado da luta contra circunstâncias de vida altamente desafiadoras, incluindo traumas e grandes perdas. O CPT não significa que a pessoa agradeça pelo trauma, e sim que, por meio do processo de enfrentamento e elaboração do trauma, a pessoa experimenta um crescimento que a transforma. Domínios comuns de CPT incluem um aumento da apreciação pela vida, relacionamentos mais íntimos e significativos, novas possibilidades de vida, maior força pessoal e um aprofundamento espiritual ou existencial.

Essa capacidade de crescimento pós-disrupção tem correlatos neurobiológicos. A neuroplasticidade é a base para isso; o cérebro não apenas sobrevive à ruptura, mas se remodela ativamente em resposta ao desafio de navegá-la e ao esforço de reintegração. Isso pode envolver:

- Melhora da função imunológica: estudos sugerem que o crescimento pós-traumático pode estar associado a perfis inflamatórios mais baixos e a uma regulação mais saudável do sistema imunológico, refletindo a resolução ou a modulação do estresse crônico e da carga alostática.
- Regulação aprimorada do eixo HHA e do SNA: o processo de encontrar sentido e navegar o sofrimento no CPT está ligado a uma regulação mais eficaz do eixo HHA e a um sistema nervoso autônomo mais flexível e resiliente (maior VFC), permitindo uma melhor recuperação do estresse.
- Aumento da conectividade neural: o CPT pode estar associado ao aumento da conectividade funcional em redes cerebrais ligadas à regulação emocional, ao autocontrole e à construção de sentido e identidade (RMP, CPFM), refletindo uma mente mais integrada.
- Construção de sentido existencial mais sólido: encontrar um sentido para a experiência da ruptura, um componente central do CPT, ativa redes neurais de recompensa e significado, fornecendo uma base existencial mais robusta para enfrentar futuros desafios.

A dor, quando atravessada com suporte, consciência e intenção de integrar, deixa marcas que não são apenas cicatrizes dos ferimentos, são raízes profundas que ancoram a pessoa em uma resiliência e na sabedoria forjadas na dificuldade. A identidade emergente não é apenas a identidade pré-ruptura restaurada, é uma identidade transformada, mais forte, mais compassiva, mais consciente da sua capacidade de sobreviver e crescer.

E talvez seja essa a grande mudança de perspectiva que este capítulo propõe e que se alinha com a sabedoria de Oliver Wendell Holmes Jr.: não evitar a dor a qualquer custo, o que é impossível e, paradoxalmente, limitador, mas aprender a caminhar com ela – a sentir sua linguagem, a honrar seu processo de transição, a buscar seu sentido oculto –, até que se revele o que ela tem a ensinar sobre nós mesmos, sobre a vida e sobre a nossa capacidade de resiliência. Porque toda mente verdadeiramente saudável e resiliente é, antes de tudo, uma mente que aprendeu a atravessar as próprias rupturas – os finais e as perdas – sem perder a capacidade de se reintegrar, de encontrar um novo eixo e de recomeçar mais forte, mais sábia e mais inteira pela jornada vivida.

Capítulo 9

O FIO INVISÍVEL: IDENTIDADE, CONTINUIDADE E HERANÇA PSÍQUICA

Você não é uma gota no oceano. Você é o oceano inteiro numa gota.
Rumi

Após explorarmos as complexas camadas da mente, desde sua linguagem corporal e emocional até suas redes de memória, seus padrões relacionais, seus ritmos internos e sua busca por sentido e transcendência, chegamos a um ponto em que todas essas dimensões se encontram e se entrelaçam para formar a experiência mais fundamental do ser humano: a identidade. Quem somos? Essa pergunta, aparentemente simples, desdobra-se em uma complexidade que vai muito além de um nome, uma profissão ou um conjunto de características de personalidade. A identidade não é um estado fixo ou uma fotografia instantânea, ela é um processo dinâmico, uma narrativa em construção que se desenrola ao longo do tempo.

A narrativa coerente sobre quem somos – a história contínua que tecemos a partir de nossas experiências, papéis, relacionamentos, desafios e triunfos – é, na verdade, a própria espinha dorsal da saúde mental. É essa narrativa que nos proporciona um senso de continuidade através das diferentes fases e transições da vida, um eixo interno que nos permite navegar pelas mudanças e rupturas sem perder a percepção fundamental do eu. Essa narrativa integra o passado ao presente e lança pontes para o futuro, oferecendo uma base de estabilidade, previsibilidade e integração que é vital para a psique. Podemos compará-la a um fio condutor que costura as diversas contas da nossa vida em um colar significativo, ou a uma âncora que nos mantém firmes em meio às tempestades.

Quando essa narrativa se fragmenta – seja por trauma, perdas não processadas ou em razão de uma vida desconectada e vivida na pressa, que impede a integração –, a continuidade interna é rompida. O passado deixa de dialogar construtivamente com o presente, invadindo-o com ecos dolorosos ou parecendo um país distante e irrelevante. O presente se torna confuso e instável, sem o lastro da história percorrida. E o futuro se torna inabitável, pois não há uma ponte coerente que conecte quem somos agora com quem podemos nos tornar. Quando essa fragmentação narrativa ocorre, a psique se enfraquece, tornando-nos vulneráveis à ansiedade (sentir-se sem controle no presente), à depressão (perda de conexão com o passado e o futuro), a um senso de desalinhamento interno e à dificuldade de lidar com novos desafios. Por isso, um sistema de cuidado e promoção da saúde mental eficaz não pode se limitar a ajustar sintomas pontuais, mas precisa, fundamentalmente, promover a continuidade interna, o fortalecimento dessa narrativa de identidade através da construção de sentido, pertencimento e profundidade. E a matéria-prima primordial para essa narrativa é a memória.

Mas a memória que molda a identidade não se resume à memória biográfica pessoal – os eventos e fatos que podemos recordar explicitamente da nossa própria vida. Nossa identidade é tecida por fios muito mais complexos, alguns dos quais se estendem para além da nossa experiência direta e se perdem nas profundezas da história familiar e coletiva. Existe uma memória simbólica – aquela que reside nos mitos fundadores da nossa cultura, nas histórias compartilhadas da nossa comunidade, nos símbolos e rituais que dão forma ao nosso mundo, nas narrativas históricas que definem o grupo a que pertencemos. Essas são memórias coletivas que, mesmo que não tenhamos vivenciado diretamente, influenciam profundamente nossos valores, medos, expectativas, preconceitos e nossa compreensão do que é ser "nós" *versus* "o outro". Elas são transmitidas através da linguagem, da arte, das tradições e das instituições.

E existe uma camada ainda mais sutil e, por vezes, mais poderosa: a memória transgeracional. Essa não é a lembrança consciente da vida de um avô ou de uma bisavó. É a forma como o impacto de experiências significativas – particularmente aquelas que foram intensas, traumáticas ou não processadas – vividas por gerações anteriores pode ser transmitido aos seus descendentes, influenciando sua biologia, psicologia e padrões comportamentais, mesmo que o evento original seja desconhecido para o descendente. O campo científico que tem lançado luz sobre essa transmissão invisível é a epigenética, em diálogo com a neuropsicologia intergeracional.

Epigenética: o legado molecular que não está no DNA, mas modifica sua leitura

Para entender a memória transgeracional em um nível biológico, precisamos mergulhar brevemente no fascinante campo da epigenética. Diferentemente da genética tradicional, que estuda as mudanças na sequência do DNA (mutações que alteram o código dos genes), a epigenética estuda as mudanças na expressão gênica – como e quando os genes são ligados ou desligados e em que intensidade – sem alterar a sequência subjacente do DNA. Pense no DNA como o *hardware*, o disco rígido com todos os arquivos, os genes. A epigenética são os *softwares* e as configurações do sistema operacional que determinam quais arquivos são acessados, quando e como são lidos e utilizados pela célula.

O ambiente em que vivemos – incluindo experiências nutricionais, exposição a toxinas e, principalmente, o ambiente psicossocial, que abrange o estresse crônico, o trauma, a qualidade das relações e o ambiente emocional familiar – pode causar modificações epigenéticas. Essas modificações são marcas químicas no DNA ou nas proteínas que o envolvem (histonas), que afetam a forma como o DNA é empacotado e acessado, influenciando se um gene será lido e transformado em proteína (expresso) ou silenciado. Por exemplo, o estresse crônico na vida de um indivíduo pode levar a modificações epigenéticas que alteram a expressão de genes envolvidos na regulação do eixo HHA, tornando o sistema de resposta ao estresse mais reativo.

A transmissão epigenética intergeracional é a hipótese que investiga se essas modificações epigenéticas adquiridas em resposta ao ambiente podem ser passadas para a próxima geração (transmissão parental) e, em alguns casos, até para a geração seguinte (transmissão transgeracional), influenciando características ou predisposições nos descendentes. A pesquisa mais forte para essa transmissão vem de modelos animais (como roedores), em que experiências de estresse ou dietas específicas dos pais podem resultar em alterações epigenéticas no esperma ou nos óvulos que são passadas para os filhotes, afetando sua reatividade ao estresse, o metabolismo ou seu comportamento social.

Em humanos, a evidência de transmissão epigenética *direta* (via espermatozoide/óvulo) é mais complexa de estudar e ainda está em evolução, mas estudos correlacionais sugerem ligações intrigantes. Pesquisas com descendentes de sobreviventes do Holocausto, filhos de prisioneiros de guerra ou populações expostas a fome severa ou a traumas coletivos têm observado padrões epigenéticos distintos em certas células (como as células sanguíneas) e uma reatividade maior ao estresse (demonstrada em respostas fisiológicas e hormonais), além de uma vulnerabilidade maior a transtornos de ansiedade e depressão em comparação com grupos controle. A interpretação desses achados em humanos é complexa, pois a transmissão não é apenas biológica (epigenética via gametas), mas também ocorre por meio do ambiente intrauterino (o estresse da mãe durante a gravidez afeta o desenvolvimento fetal) e do ambiente pós-natal (a forma como pais traumatizados ou estressados interagem com seus filhos).

A neuropsicologia intergeracional complementa a epigenética, ao investigar essa transmissão em um nível mais psicológico e relacional. Ela examina como os padrões de enfrentamento, as dinâmicas familiares (segredos, lealdades invisíveis, conflitos não resolvidos) e o clima emocional predominante no lar – todos moldados pelas experiências (incluindo traumas) das gerações anteriores – influenciam diretamente o desenvolvimento psicológico, social e neural da criança. Um pai com um histórico de trauma não processado, por exemplo, pode ter mais dificuldade em regular suas próprias emoções, pode exibir padrões de apego inseguro ou transmitir medos e hipervigilância de forma não verbal, moldando a arquitetura cerebral e o sistema nervoso da criança em crescimento para ser mais reativo ao estresse e percebendo o mundo como menos seguro. Essa é uma forma poderosa de herança, em que os padrões comportamentais e emocionais dos cuidadores, informados por sua própria história (que pode incluir predisposições epigenéticas), tornam-se o ambiente que esculpe o cérebro do descendente.

Essa herança combinada – as predisposições epigenéticas e os padrões psicológicos/relacionais transmitidos – não é um destino inalterável. Ela molda nosso ponto de partida, influenciando nossas vulnerabilidades, sensibilidades e tendências iniciais. Mas a grande mudança de perspectiva, o ponto em que a ciência encontra o potencial do poder de autotransformação humana, é que esse material pode ser trabalhado, compreendido e transformado.

Cabe a cada indivíduo, a partir do despertar da consciência – a capacidade de observar esses padrões herdados (sua reatividade a certos temas, suas sensibilidades emocionais, suas dinâmicas relacionais recorrentes, crenças limitantes que parecem não ser totalmente suas) –, decidir quais fios invisíveis da herança psíquica seguirão tecendo o tapete da sua vida, de forma inconsciente, e quais precisarão ser trazidos para a luz, compreendidos e transformados.

Esse movimento ativo de revisão (examinar a história familiar e os padrões herdados com curiosidade e sem julgamento), apropriação (entender como essa herança se manifesta em si mesmo, reconhecendo-a como parte da sua história, mas não a definindo completamente) e ressignificação (dar um novo sentido à história, integrar as dores herdadas de forma que fortaleçam em vez de enfraquecer, quebrar os ciclos de repetição) é um dos mais profundos e poderosos atos de autonomia mental que podemos cultivar. É a capacidade de se tornar o autor da sua própria narrativa, reconhecendo as influências do passado, mas escolhendo ativamente como elas impactarão o presente e o futuro.

Continuidade interna: como a identidade se torna um eixo biológico e psíquico de saúde mental

A mente humana, em sua necessidade fundamental de organização e sentido, requer uma base estável. Essa base não é construída sobre rigidez ou sobre negação da mudança, mas sobre a estabilidade narrativa – a capacidade de sustentar um senso coerente de "quem eu sou" ao longo do tempo e por meio das diversas experiências. Quando não sabemos quem somos, ou quando essa percepção de nós mesmos é frágil e oscila drasticamente conforme o contexto externo, o que o neurocientista Stephen Porges chamaria de um sistema nervoso em constante estado de alerta e desregulação, buscando pistas externas para se sentir seguro, a psique entra em um estado de exaustão crônica.

O que à primeira vista parece ser ansiedade persistente, ou uma sensação difusa de inquietação, pode ser, em muitos casos, um efeito colateral direto de uma identidade sem eixo – sem um centro gravitacional interno que integre as experiências passadas e presentes em uma história coerente. Similarmente, o que diagnosticamos como depressão pode, com frequência, estar ligado a uma profunda falta de pertencimento – não apenas a um grupo social, mas à própria história de vida e a um sentido de continuidade que transcende o sofrimento isolado. Por isso, uma das tarefas mais fundamentais e biologicamente relevantes da promoção e do cuidado da saúde mental não é simplesmente eliminar sintomas pontuais, mas reforçar ativamente a coerência interna e a estabilidade dessa narrativa de identidade.

Essa coerência não é algo com que nascemos ou que nos é dado externamente, ela é ativamente construída por meio da capacidade de contar nossa própria história com continuidade. Essa construção envolve um processo contínuo de:

- Reconhecer rupturas: integrando as quebras inevitáveis na linha da vida – traumas, perdas, transições – como parte da história, em vez de negá-las ou permitir que permaneçam como fragmentos isolados que ameaçam a integridade da narrativa.
- Revisar mitos familiares: examinando criticamente as histórias, crenças e padrões (conscientes ou inconscientes) herdados do sistema familiar (o material bruto da herança psíquica, discutido anteriormente). Isso envolve questionar os roteiros familiares sobre sucesso, sofrimento, relacionamentos, gênero etc., que podem estar limitando ou desorganizando a vida adulta.

- Reinterpretar dores herdadas: encontrando um novo sentido e um novo contexto para as vulnerabilidades emocionais, sensibilidades ou padrões de reação que parecem ter sido passados adiante (conforme a epigenética e a transmissão psicológica intergeracional, das quais falamos anteriormente).

Estudos em psicologia narrativa – o campo que investiga como os indivíduos constroem e vivem suas histórias de vida – têm fornecido evidências robustas da ligação entre a capacidade narrativa e o bem-estar. É nesse ponto que a ancestralidade – ou, na linguagem mais clínica, a memória transgeracional e a história do sistema familiar – ganha uma força notável como ferramenta terapêutica e de autoconhecimento. Quando acessamos as histórias daqueles que vieram antes de nós – não para idealizá-las ou justificar comportamentos disfuncionais, mas para entendê-las em seu contexto, para compreender os padrões, as forças, as dores e as resiliências que as moldaram –, abrimos espaço para um tipo profundo de reconciliação interna. Compreender que certas lutas ou vulnerabilidades podem ter raízes que nos precedem diminui o senso de culpa ou de defeito pessoal ("há algo fundamentalmente errado comigo") e oferece um contexto emocional que facilita a autoaceitação.

Essa reconciliação não se limita às histórias familiares. Ela vale também para a nossa conexão com histórias culturais, espirituais e simbólicas mais amplas. Sentir-se parte de algo maior do que a própria experiência individual e finita – seja o sistema familiar, uma comunidade, uma tradição cultural, uma linhagem espiritual ou o fluxo da própria vida – oferece um poderoso contexto emocional, diminui a angústia existencial diante da finitude e da incerteza e amplifica a sensação de continuidade e pertencimento.

Nas abordagens clínicas que integram a neurociência com perspectivas sistêmicas e narrativas, o trabalho com a ancestralidade e a história de vida do indivíduo tem mostrado impacto direto e positivo em marcadores biológicos de saúde. Um senso mais enraizado e coerente de identidade, ligado à compreensão e à aceitação da própria história e herança, está associado a um tônus autonômico mais regulado (maior VFC), maior estabilidade emocional (menor reatividade da amígdala), melhor qualidade do sono e até melhor desempenho cognitivo em adultos mais velhos. Uma identidade com raízes profundas, que compreende as tempestades que a precederam, tem menos probabilidade de ser despedaçada por rupturas externas no presente. Essa robustez emocional e narrativa é um dos pilares menos discutidos publicamente – e mais eficazes – da longevidade saudável e resiliente.

O legado silencioso: identidade madura, coerência vívida e a transmissão que transforma

Ao longo da jornada da vida e no processo de amadurecimento psicológico e espiritual, a saúde mental deixa de ser vista apenas como uma busca por estabilidade emocional imediata ou ausência de sintomas (algo que, como vimos, não é realista nem desejável em longo prazo). Ela se transforma em uma construção ativa de sentido prolongado, que se estende para além da própria existência individual. Nesse estágio, o sofrimento não precisa desaparecer para que a paz e a integridade se instalem. Ele precisa apenas encontrar contexto, significado e um lugar dentro da história maior da vida e da identidade.

A identidade madura nasce nesse ponto de virada. Não é uma identidade perfeita ou livre de conflitos, mas aquela em que o indivíduo, tendo trabalhado com suas vulnerabilidades herdadas e integrado suas rupturas e perdas, deixa de buscar primariamente por validação ou respostas externas. Em vez disso, começa a elaborar, internamente, o que deseja deixar como legado – não apenas material, mas emocional, ético, simbólico.

Esse legado sutil é construído pela forma como vivemos, pelas escolhas que fazemos a partir da consciência, pelas nossas dores ressignificadas que abrem espaço para novas formas de ser e sofrer (menos reativamente) para as próximas gerações. É um legado transmitido não apenas pelas palavras, mas pelo silêncio, pela presença autêntica, pela coerência entre o que se diz e o que se vive. A forma como um pai ou uma mãe, um avô ou uma avó, um mentor ou uma figura inspiradora viveu sua própria história, com dignidade, resiliência e busca por sentido, muitas vezes se torna a herança mais poderosa transmitida, moldando a capacidade de resiliência e a arquitetura neural dos descendentes em um nível profundo (neuropsicologia intergeracional revisitada).

No campo da saúde mental e da psicologia do desenvolvimento, a evidência aponta para isso: filhos e netos de pessoas emocionalmente integradas – que conseguiram trabalhar com suas próprias histórias, que não transmitiram seus traumas ou padrões disfuncionais de forma bruta, mas os elaboraram em coerência – têm maior chance de desenvolver resiliência, segurança afetiva e autonomia interna. O que cura e fortalece a herança psíquica não é o discurso polido sobre o que deveria ser, mas a coerência de quem habita a própria história – com suas luzes e sombras, suas dores e alegrias – com dignidade, consciência e busca por sentido.

Por isso, neste capítulo, reforçamos que cuidar da mente não é apenas cuidar do nosso estado emocional imediato. É também cuidar da narrativa que transmitimos, consciente ou inconscientemente, mesmo sem palavras. Ao nos reconciliarmos ativamente com as nossas origens, ao revisarmos os roteiros herdados (epigenéticos, psicológicos, culturais), ao resgatarmos as partes esquecidas ou negadas da nossa própria história pessoal e familiar, não apenas nos fortalecemos individualmente – reforçamos a coerência da nossa própria identidade e aumentamos a nossa resiliência. E, principalmente, abrimos espaço para que outros – nossos filhos, nossos netos, nossa comunidade – também encontrem caminhos menos fragmentados para viver suas próprias histórias.

A longevidade mental, no fim das contas, é isso: a capacidade de viver em paz com o que herdamos (trazendo luz e processamento para o "fio invisível") e de deixar em paz o que passaremos adiante (não transmitindo fardos não processados, mas um legado de coerência e resiliência). Porque a mente que conhece suas raízes profundas, que compreende que faz parte de uma história maior (o "oceano inteiro numa gota"), não teme o futuro desconhecido. Ela sustenta o presente com firmeza (enraizada na história), generosidade (transmitindo um legado curado) e propósito (vivendo a própria narrativa com sentido), reconhecendo que é um elo consciente na grande cadeia da existência.

Capítulo 10

A MENTE QUE ESCOLHE: AUTONOMIA PSÍQUICA E CONSCIÊNCIA EM MOVIMENTO

A maior arma contra o estresse é a nossa habilidade de escolher um pensamento em vez de outro.
William James

Em nossa jornada pela paisagem interna da mente e sua inextricável ligação com o corpo, exploramos as raízes biológicas da emoção, a arquitetura da memória, o poder vital dos vínculos, a sabedoria dos ritmos internos e a profundidade da consciência como espaço de observação. Chegamos agora a um ponto crucial, que amarra muitos desses fios: a autonomia psíquica, a capacidade fundamental de exercer a escolha e direcionar o próprio ser em meio à complexidade da vida.

Uma mente saudável, nesse contexto, não é definida pela ausência de conflitos internos, pois a presença de pensamentos desafiadores, emoções dolorosas ou impulsos conflitantes é inerente à experiência humana. Uma mente saudável é aquela que aprendeu a decidir, mesmo diante do caos interno ou externo, que não se paralisa diante da ambivalência. Que não nega ou reprime seus impulsos automáticos ou suas emoções intensas, mas desenvolveu a capacidade de observá-los com clareza. Que não evita a dor, mas encontra formas de integrá-la. E que não precisa estar em um estado contínuo e irreal de paz para agir com clareza, discernimento e alinhamento com seus valores mais profundos.

A autonomia psíquica, a capacidade de ser autor da própria vida mental e comportamental, não nasce da força bruta da vontade, tentando esmagar ou controlar os estados internos indesejados. Essa abordagem, baseada na repressão, é exaustiva e, em longo prazo, ineficaz. A verdadeira autonomia nasce de uma capacidade cultivada: da escuta atenta à linguagem do próprio corpo e das emoções, da autorregulação aprendida e aprimorada e da convivência lúcida e compassiva com a própria complexidade – com os pensamentos que surgem, as emoções que fluem, as memórias que emergem.

No entanto, vivemos num tempo em que a maioria das nossas decisões, grandes e pequenas, parece ser tomada de forma automática. O que consumimos, como reagimos a um comentário nas redes sociais, os caminhos que seguimos no trabalho, a forma como lidamos com o estresse – grande parte disso opera no piloto automático. Esse modo de operação, embora eficiente para tarefas rotineiras, tornou-se, para muitos, o modo de vida dominante. E isso compromete a integridade da mente, nossa capacidade de viver de forma autêntica e alinhada. Porque a saúde mental é, em sua essência mais profunda, o exercício cotidiano e corajoso de escolher o que sustenta a integridade, mesmo quando esse caminho exige mais esforço, mais atenção ou vai contra o padrão herdado, o condicionamento aprendido ou o impulso momentâneo.

Ter autonomia psíquica é alcançar um nível de consciência que nos permite reconhecer que pensamentos vêm – eles surgem na corrente da mente –, mas não são ordens inquestionáveis a serem seguidas cegamente. Que emoções surgem – elas emergem do corpo e do sistema límbico –, mas não precisam necessariamente virar atitudes impulsivas ou destrutivas. Que memórias se impõem – ecos do passado que buscam atenção –, mas podem ser revisitadas com uma nova lente de compreensão e ressignificação. E que o presente, quando habitado com atenção plena, é sempre um lugar possível de reorganização, de interrupção de padrões antigos e de escolha de novos caminhos.

A ilusão da liberdade mental e o poder biológico da escolha consciente

Somos ensinados a valorizar a liberdade como um ideal externo – a liberdade de expressão, a liberdade de ir e vir, a liberdade de escolha quando fazemos uma compra. Mas poucos percebem que a primeira e talvez mais fundamental liberdade é interna: a liberdade de não ser escravo das próprias reações automáticas, a liberdade de não obedecer a um impulso, a liberdade de sustentar uma escolha alinhada com os próprios valores, mesmo em meio ao desconforto emocional ou à pressão interna para reagir de forma habitual.

A maioria das pessoas vive imersa em padrões emocionais e comportamentais condicionados que operam fora da sua consciência. São reações herdadas do sistema familiar, hábitos comportamentais sedimentados pela repetição, estilos de vínculo internalizados a partir das primeiras relações e crenças automáticas formadas com base em experiências passadas. Tudo isso opera em silêncio, como um piloto automático complexo, sem passar pelo filtro deliberativo da consciência e da escolha.

A neurociência tem lançado luz sobre essa "ilusão da liberdade mental", mostrando que uma parte significativa do nosso comportamento cotidiano é, de fato, dirigido por sistemas cerebrais eficientes, mas pouco acessíveis ao controle consciente direto. O principal motor desses comportamentos automáticos e hábitos é o sistema dos gânglios da base, particularmente o corpo estriado dorsal (formado pelo núcleo caudado e pelo putâmen). Essas estruturas subcorticais são cruciais para o aprendizado de hábitos – a formação de rotinas que automatizam sequências de ações em resposta a certos estímulos (os "*loops* de hábito": gatilho > rotina > recompensa). Esses sistemas são incrivelmente eficientes, permitindo-nos realizar tarefas complexas, como dirigir, tocar um instrumento ou praticar um esporte sem ter que pensar conscientemente em cada movimento. Eles liberam recursos cognitivos para outras funções.

No entanto, essa eficiência tem um custo: o corpo estriado e os gânglios da base operam em grande parte abaixo do limiar da consciência e são pouco flexíveis. Uma vez que um *loop* de hábito (positivo ou negativo) é formado, ele pode ser acionado automaticamente por um gatilho, impulsionando o comportamento, mesmo que a parte racional do cérebro saiba que essa ação não é benéfica ou não é condizente com os objetivos conscientes. Pense no impulso de comer um doce sob estresse (gatilho: estresse > rotina: comer doce > recompensa: alívio temporário) ou na tendência a evitar conflitos (gatilho: potencial conflito > rotina: fugir/silenciar > recompensa: evitar desconforto imediato). Esses padrões podem se tornar automáticos, operando apesar da intenção consciente de parar de comer doces ou ser mais assertivo.

Para alterar esses caminhos automáticos e construir uma mente verdadeiramente autônoma, é necessário engajar e fortalecer os circuitos cerebrais responsáveis pela escolha consciente e pela regulação inibitória. A escolha consciente, do ponto de vista neurobiológico, envolve a ativação coordenada dessas regiões do CPF e do CCA para inibir as respostas automáticas originadas nos gânglios da base ou no sistema límbico (amígdala) e selecionar uma resposta alternativa que esteja alinhada com a intenção consciente. Essa capacidade de inibição é mediada por vias neurais que vão do CPF para o estriado e para a amígdala, como vimos.

Ou seja, a liberdade mental, a capacidade de escolher conscientemente em vez de reagir automaticamente, não é um estado natural ou passivo. Ela precisa ser treinada. Escolher conscientemente exige energia – é um processo que demanda esforço cognitivo, especialmente no início, para remover o padrão automático e ativar as vias deliberativas. Exige atenção – a capacidade de estar presente no momento para detectar o gatilho, o impulso, a emoção que surge, e reconhecer o espaço onde a escolha é possível. E exige intenção – uma decisão deliberada de engajar o controle consciente e direcionar a ação ou a resposta interna.

E a beleza da neuroplasticidade entra aqui: com a prática regular, as vias neurais responsáveis pela escolha consciente e pela regulação inibitória se fortalecem. O que no início parece um esforço árduo para lutar contra os próprios impulsos ou padrões automáticos torna-se menos exigente com a repetição. O cérebro se torna mais eficiente em ativar o CPF/CCA e modular o corpo estriado e a amígdala. A capacidade de pausar, observar e escolher se integra ao nosso funcionamento, transformando-se em uma forma de ser, em vez de uma luta constante.

É nesse ponto de inflexão que nasce a verdadeira autonomia psíquica: quando a coerência – a harmonia entre o que pensamos conscientemente e valorizamos (CPF), o que sentimos (ínsula, sistema límbico) e como agimos (sistema motor, modulado pelo CPF) – se torna um eixo interno estável. Essa coerência não se manifesta como rigidez (uma pessoa que sempre age da mesma forma), mas como integridade (uma pessoa que age de acordo com seus valores e com uma sabedoria interna, mesmo que isso signifique sentir desconforto ou ir contra um impulso automático). A autonomia é a capacidade de escolher alinhar-se com a própria integridade, momento a momento.

E a frase de William James encapsula a essência dessa batalha e dessa liberdade: a maior arma contra o estresse – que frequentemente nos joga para o piloto automático e a reatividade – é a nossa habilidade, que pode ser cultivada, de direcionar a atenção e escolher um pensamento (um pensamento alinhado com a calma, com a compaixão, com a sabedoria, com a intenção consciente) em vez de outro (um pensamento ruminativo, catastrófico, reativo). É nesse ato de escolha, nesse direcionamento da mente, que reside o poder da autonomia e o início do manejo eficaz do estresse.

Treinar a lucidez: atenção, metacognição e a construção da integridade interna

Se a autonomia psíquica é a capacidade de escolher conscientemente em vez de reagir automaticamente, então a atenção é a ferramenta primordial para que essa escolha se torne possível. A atenção é o filtro através do qual o mundo – externo e interno – entra em nossa consciência. É ela que determina o que será percebido, o que ganhará destaque na nossa experiência do momento, o que será sentido, o que será processado e o que, por não ser atendido, permanecerá na penumbra da inconsciência. É por isso que a atenção não é apenas um estado de alerta passivo, mas uma ferramenta ativa de construção mental. Conforme direcionamos nossa atenção, moldamos nossa realidade interna e influenciamos os caminhos neurais que serão fortalecidos (neuroplasticidade).

Quando a atenção é deliberadamente treinada, e com regularidade, ela se torna um poderoso antídoto contra a fragmentação psíquica imposta pela pressa, pela sobrecarga de estímulos e pela reatividade automática.

Uma atenção treinada nos permite reunir os pedaços dispersos da nossa experiência (sensações, pensamentos, emoções, memórias fragmentadas etc.), trazê-los para a lucidez da consciência presente e, assim, criar as condições para o processamento e a integração.

A lucidez, nesse contexto, é um estado de consciência desperta caracterizado pela clareza, pela percepção nítida da realidade interna e externa e pela ausência de um filtro pesado de julgamento automático ou interpretação rígida. É uma qualidade de presença que nos permite ver as coisas como elas são, em vez de como nossos medos, desejos ou padrões aprendidos nos fariam vê-las.

Quanto mais ativa e integrada é essa rede metacognitiva, maior é a capacidade do indivíduo de interromper padrões automáticos (pensamentos, reações, hábitos), avaliar suas próprias emoções com perspectiva ("Estou sentindo raiva, mas o que essa raiva está tentando me dizer?") e sustentar escolhas alinhadas em longo prazo, mesmo que um impulso imediato aponte em outra direção.

Esse sistema neural crucial para a autonomia e a lucidez, no entanto, não se ativa por acaso. Ele precisa ser estimulado e fortalecido por meio de práticas deliberadas, das quais já tratamos neste livro, que envolvam atenção, presença, discernimento e repetição intencional.

As práticas que mencionamos, quando realizadas de modo exaustivo, se transformam em formas de ensinar o cérebro a operar fora do modo reativo e automático (corpo estriado, sistema límbico) e a fortalecer as vias neurais da consciência, da escolha e da regulação (CPF, CCA, ínsula). Elas constroem a capacidade de pausar, observar e escolher, transformando o que antes era uma reação instintiva em uma resposta consciente.

Nesse processo, a saúde mental duradoura não é alcançada por meio de um estado contínuo e irreal de equilíbrio estático. A vida trará desequilíbrios. A saúde mental sólida depende da capacidade de retornar ao eixo após sermos abalados por desafios internos ou externos. E essa capacidade de retorno rápido e eficaz só é possível quando há uma atenção treinada para reconhecer precocemente os sinais de desequilíbrio (aumento da reatividade da amígdala, *loops* de pensamento, ativação do SNA etc.). Uma mente lúcida não evita o erro (pois o erro é parte do aprendizado), mas não se apega a ele – observa-o, aprende com ele e retorna ao fluxo da vida com mais sabedoria e resiliência.

Além da atenção e da metacognição, a autonomia psíquica exige um segundo ingrediente fundamental, intimamente ligado à lucidez: a coerência interna. Uma saúde mental sólida não nasce da repressão de partes indesejadas do eu, mas da congruência crescente entre o que se sente (a realidade emocional e corporal percebida pela ínsula e pelo sistema límbico), aquilo em que se acredita (os valores e crenças conscientes processados pelo CPF) e o que se vive (as ações e os comportamentos). Pessoas com alta coerência interna não são rígidas ou inflexíveis, são integradas. Elas sabem mudar de ideia diante de novas informações (flexibilidade cognitiva do CPF), mas não abandonam valores centrais sem reflexão profunda. Elas sabem dizer sim e não com clareza, pois suas escolhas refletem um alinhamento interno, não apenas pressão externa ou medo. Elas se permitem sentir a gama completa de emoções, mas não se deixam ser arrastadas passivamente por tudo que sentem, pois a lucidez e as vias de regulação fornecem a capacidade de processamento e escolha.

Essa coerência interna não é uma meta idealizada ou um estado de perfeição. Ela é uma prática cotidiana e uma construção contínua. É forjada nas escolhas pequenas, muitas vezes silenciosas, repetidas dia após dia – as microdecisões de pausar antes de reagir, de observar um pensamento sem segui-lo, de ouvir a linguagem do corpo, de alinhar uma ação com um valor. Porque a verdadeira saúde mental e a autonomia não são conquistadas em grandes feitos heroicos, mas nos hábitos invisíveis que sustentam a nossa lucidez e a nossa integridade todos os dias.

A liberdade interna como construção cotidiana: habitar o lar da autonomia

Ser livre, no plano mais profundo da psique, não significa ter o poder ilimitado de fazer o que se quer a cada impulso. Essa é a ilusão da impulsividade, não a liberdade. Ser livre é ter a capacidade de escolher com discernimento, mesmo diante da presença de desejos conflitantes, emoções intensas ou memórias dolorosas. É possuir e cultivar o espaço – o intervalo vital – entre o impulso e a ação, entre a emoção que surge e a resposta automática a ela, entre o ruído do mundo externo e a voz silenciosa da sabedoria interior.

Esse espaço crucial, ao contrário do que parece em nossa cultura da espontaneidade irrefletida, não é algo natural ou com que nascemos plenamente equipados; ele precisa ser criado ativamente, protegido deliberadamente e cultivado com consistência. Dia após dia, escolha a escolha, prática a prática.

A mente autônoma construída por esse processo não é indiferente ao sofrimento ou à complexidade da vida. Ela é profundamente presente para a experiência, tanto interna quanto externa. Ela sente. E sofre também. Experimenta a gama completa da emoção humana. Mas não se deixa sequestrar ou definir por tudo que sente. Essa é a liberdade que o treinamento da lucidez proporciona. É a liberdade de não repetir padrões de comportamento ou relacionamento que já não servem ao nosso bem-estar ou aos nossos valores. É a liberdade de não ser refém da própria história ou de uma narrativa rígida do passado. É a liberdade, em última instância, de interromper uma herança emocional ou um ciclo transgeracional disfuncional quando ele já não honra a vida ou a nossa própria integridade.

Essa liberdade não nasce de uma decisão súbita e única de ser livre. Ela nasce de uma prática contínua, de um estilo de vida que prioriza a escuta, a presença e a escolha consciente e de uma intimidade crescente com o próprio funcionamento interno (aprofundando a interocepção e a metacognição). Por isso, mais do que um objetivo distante a ser alcançado, a autonomia psíquica é uma forma de estar no mundo, uma maneira de se relacionar consigo mesmo e com a existência. Uma mente verdadeiramente funcional não é a que se blinda contra a vulnerabilidade ou a que nunca comete erros, é a que desenvolveu a capacidade de se regular em meio à dificuldade e que aprende a voltar, com mais rapidez e menos autojulgamento, ao seu próprio eixo de coerência e lucidez após ser perturbada.

Talvez essa seja uma das maiores conquistas da maturidade mental e o ponto de chegada dessa jornada pela mente e o corpo. A autonomia madura é a capacidade de não depender mais do mundo externo para estar em paz internamente. É a capacidade de carregar dentro de si o lugar – o espaço de consciência, lucidez e coerência – onde as decisões são tomadas com discernimento e alinhamento. Onde o passado é ouvido com atenção, compreendido e integrado, sem ser soberano no presente. Onde o presente é habitado com gentileza (para consigo mesmo e para com a experiência) e atenção. Onde o futuro é preparado não com ansiedade reativa, mas com discernimento e propósito (CPF), construído sobre as bases da integridade presente.

Esse lugar interno de autonomia, se bem cuidado e cultivado, torna-se um verdadeiro lar. Um refúgio de coerência e lucidez que reside em nós, acessível pela prática da atenção e da escolha consciente. E uma mente que tem esse lar interno – mesmo em meio ao caos, à incerteza e às tempestades da vida externa – vive com mais presença, mais firmeza (enraizada em um eixo interno sólido e uma história integrada) e mais dignidade (agindo em consonância com seus valores e sua sabedoria interior). A autonomia psíquica é o alicerce que nos permite habitar a nós mesmos e a vida com uma liberdade e integridade genuínas.

Capítulo 11

A MENTE EM COMUNHÃO: SENTIDO, VÍNCULO E CAMPO EXPANDIDO DE PRESENÇA

Os mais saudáveis entre nós impulsionam-se vigorosamente para a autorrealização, mas também chegam a transcender o *self*.
Abraham Maslow

Percorremos a jornada da mente e do corpo, desde suas fundações biológicas na dor e no estresse, passando pela complexidade da memória e do trauma, a vitalidade dos vínculos e o desafio da solidão, a sabedoria dos ritmos internos e a arte da pausa, até a lucidez da consciência e a construção da autonomia psíquica. Agora, no ponto de culminância desta exploração, abordamos uma dimensão que transcende o bem-estar individual: a mente em comunhão.

Uma mente verdadeiramente saudável e integrada, em sua forma mais madura, não se fecha em si mesma, não se limita ao autocuidado egocêntrico (embora o autocuidado seja uma base essencial). Ela não se blinda com rigidez emocional nem se isola em uma fortaleza de autossuficiência. Pelo contrário, quanto mais a mente se torna integrada, coerente e autônoma, mais ela se expande para além dos limites do *self* individual. Conforme a sabedoria de Abraham Maslow nos indica, o impulso para a autorrealização, em seu auge, naturalmente evolui para uma transcendência do *self* – uma abertura para algo maior.

Essa mente expandida torna-se mais aberta, mais permeável à experiência do mundo e do outro – incluindo a dor e a vulnerabilidade –, sem ser avassalada ou desintegrada por essa permeabilidade. Ela é mais sensível ao que pulsa fora de si, mas sem perder o seu centro. Torna-se mais disponível para se engajar com o mundo e com as pessoas, mas sem perder a sua identidade nessa comunhão.

É nesse ponto que a saúde mental se desloca da esfera estritamente privada e individual para o campo relacional, comunitário e existencial. O que começou como práticas íntimas de autorregulação, autoconsciência e construção da autonomia torna-se também um posicionamento no mundo, uma forma de ser e interagir que reflete essa integração interna.

Talvez por isso a sensação mais profunda e sustentável de propósito não surja nos momentos em que estamos excessivamente focados em nós mesmos, analisando nossas próprias necessidades e desejos, mas quando, de repente, percebemos que a nossa própria história, as nossas habilidades únicas (o dom a que Picasso se referiu) ou a sabedoria que advém de nossas lutas podem aliviar o caminho de alguém, contribuir para algo maior ou adicionar valor ao mundo ao nosso redor. A ideia de ser útil, de contribuir ativamente, de oferecer algo verdadeiro e autêntico – não por vaidade nem pela busca por reconhecimento externo, mas por uma coerência interna e um desejo genuíno de conexão e impacto positivo – tem um efeito direto e poderoso sobre o cérebro, sobre o corpo e sobre a alma.

A neurociência tem fornecido evidências robustas dos mecanismos biológicos subjacentes a essa conexão entre comportamento pró-social (ações voluntárias destinadas a beneficiar as pessoas) e bem-estar. Engajar-se em ações de cuidado, contribuição, altruísmo e compaixão ativa sistemas neurais e neuroquímicos que promovem a saúde e a resiliência.

Ações pró-sociais, portanto, não são apenas coisas boas que fazemos, são mecanismos biológicos que promovem a nossa própria saúde e bem-estar, ao mesmo tempo que beneficiam os outros. A ideia de ser útil, de contribuir, transcende o psicológico e se enraíza em nossa neurobiologia, integrando as dimensões física, mental e existencial.

A psicologia existencial reforça essa compreensão: o sofrimento é uma parte intrínseca da condição humana. No entanto, encontrar sentido no sofrimento (não apesar dele) é o que gera resiliência e plenitude. O sentido e o sofrimento não são opostos; são, na verdade, partes de um mesmo eixo, dois polos de uma experiência profunda. É o sentido que dá forma à dor, que a enquadra, a contextualiza em uma narrativa maior, a torna compreensível e integrável. E é a dor que dá profundidade ao sentido, que o torna vívido, autêntico, testado na experiência, e muitas vezes é a fonte do dom ou da sabedoria que podemos oferecer ao mundo. A mente em comunhão encontra propósito e sentido nessa intersecção entre sua própria história (incluindo o sofrimento) e a capacidade de oferecer algo a partir dela.

Recentrando a atenção: do sintoma ao chamado e a busca diária por sentido

Em momentos de confusão psíquica – aqueles períodos de angústia, falta de clareza, sensação de estar perdido ou preso em *loops* mentais (RMP hiperativo) –, o impulso automático e aprendido pela cultura moderna é, frequentemente, direcionar a atenção para dentro, buscando a causa do desconforto unicamente em falhas ou deficiências pessoais ("O que há de errado comigo?"). Embora a autorreflexão seja crucial, o foco exclusivo e ruminativo no *self* pode aprofundar a sensação de isolamento e desesperança.

É nesse ponto que uma simples mas radicalmente poderosa pergunta pode agir como um reposicionador da atenção: "Para quem – ou para o quê – estou vivendo hoje?". Essa pergunta desvia gentilmente a lente da consciência do *self* isolado (frequentemente preso a padrões de pensamento autorreferencial e ruminação) para fora – para uma pessoa amada, uma comunidade, um projeto, uma causa, um valor que transcende o ego.

O poder dessa pergunta reside em sua capacidade de reorganizar instantaneamente a perspectiva. Ela conecta a luta interna individual a um contexto maior, a um desejo intrínseco de beneficiar as pessoas ou de contribuir para algo que tem valor fora de nós mesmos. Ela ativa as redes neurais associadas ao propósito e à recompensa social (CPFM, corpo estriado), mesmo que a resposta não seja imediatamente clara ou que a capacidade de agir seja limitada no momento.

É essencial que essa pergunta seja feita no silêncio – permitindo que a resposta venha do espaço mais profundo da consciência e do corpo, não da mente acelerada ou da voz crítica. Deve ser feita sem cobrança – não esperando uma resposta grandiosa ou uma dívida a ser paga, mas buscando uma verdade autêntica. E com radical simplicidade – focando a necessidade básica de conexão e contribuição.

Ao direcionar a atenção para essa pergunta, a energia psíquica que antes estava aprisionada no sintoma de desconexão (ansiedade, apatia, exaustão) pode começar a se revelar como um chamado à reconexão. Não com metas idealizadas ou um futuro perfeito, mas com a vida real – com o momento presente, com as pessoas ao redor, com as oportunidades tangíveis de engajamento significativo. Essa reconexão se manifesta nos gestos pequenos e cotidianos que sustentam a existência: um cuidado oferecido com presença, uma escuta atenta e sem pressa, uma decisão tomada com verdade e alinhamento.

A beleza desse processo está em sua treinabilidade. A mente, como o corpo, aprende por repetição. Ao incorporar uma simples reflexão diária – como perguntar-se antes de dormir: "Hoje eu me movi a favor de quê?" –, treinamos a mente a perceber e a procurar ativamente momentos de sentido e contribuição ao longo do dia. Essa prática consistente fortalece os circuitos neurais associados à busca e à experiência de propósito, tornando-os mais eficientes e, com o tempo, mais automáticos. Ela reorganiza a bússola interna para apontar para fora, para a contribuição e a conexão.

Quando a mente é treinada para perceber sentido, ela passa a procurar sentido. E quando encontra – seja em um sorriso compartilhado, em uma tarefa concluída com diligência, em um momento de compaixão – ela se acalma. A busca por sentido se torna um mecanismo de autorregulação biológica, reduzindo a atividade do sistema de estresse e promovendo o bem-estar.

Vínculos saudáveis e o radar emocional: presença que discrimina

A mente em comunhão não floresce no isolamento. A necessidade de conexão é fundamental. Ela tampouco prospera em campos de ruído emocional – ambientes relacionais disfuncionais, marcados por dinâmicas tóxicas, conflito crônico, falta de respeito, manipulação e desonestidade ou por laços baseados em culpa, medo ou na necessidade de performance para se sentir digno. Relações assim drenam a energia vital da mente, ativam o sistema de estresse crônico e minam a capacidade de regulação e bem-estar.

Nesse contexto, a capacidade de discernir a qualidade dos vínculos torna-se crucial. E aqui, mais uma vez, a presença precisa ser treinada - não para julgar o outro ou a relação de forma rígida, mas para sentir o que cada vínculo provoca em nosso próprio sistema interno.

Uma prática silenciosa, que pode ser feita em momentos de quietude ou reflexão, consiste em apenas observar mentalmente as pessoas significativas que fazem parte da sua rotina ou da sua vida e sentir a resposta corporal e emocional que surge. Pergunte-se, com curiosidade e sem autocobrança: "Minha energia se contrai ou se expande ao pensar nessa relação?".

Essa pergunta convida a uma forma refinada de interocepção aplicada ao campo relacional. A resposta não vem da lógica ou da análise racional ("Essa pessoa é boa para mim porque..."), mas da sabedoria intuitiva e sentida do corpo e do sistema nervoso autônomo. Uma relação que nutre e é saudável tende a ser sentida como uma expansão - relaxamento, abertura, sensação de segurança e vitalidade (ativação parassimpática, liberação de ocitocina). Uma relação que drena ou é tóxica tende a ser sentida como uma contração - tensão, aperto, ansiedade, desconforto, impulso de se fechar ou fugir (ativação simpática, aumento do cortisol).

Essa percepção, mantida com frequência e honestidade, afina o radar emocional. Aumenta a nossa sensibilidade para os sinais sutis que o corpo e a mente enviam sobre a qualidade do nosso ambiente relacional. Com um radar emocional afinado, podemos fazer escolhas conscientes sobre onde investir nossa energia relacional, onde estabelecer limites saudáveis e quais conexões priorizar - aquelas que promovem expansão, segurança e crescimento (vínculos seguros), e não aquelas que perpetuam a contração, o estresse e a desintegração.

A mente em comunhão, portanto, não se refere a estar conectado a *todos* de forma indistinta, mas de estar em contato com a vida como ela é – com suas complexidades, suas alegrias e suas dores –, a partir de um lugar de presença integrada que permite discernir quais conexões são nutritivas e em que nível. É uma mente que não precisa de grandes eventos para reconhecer sentido, porque aprendeu, através da prática da atenção e da auto-observação, que o sentido mais profundo muitas vezes está escondido onde a presença foi oferecida por inteiro – seja em um gesto simples de cuidado, em um momento de escuta autêntica ou na simples mas poderosa escolha de estar plenamente presente para a própria experiência e a do outro. Essa capacidade de estar presente em comunhão – sintonizado interna e relacionalmente – é o que mais protege a saúde mental do cinismo, da apatia (perda de sentido) e da desintegração emocional.

A presença que sustenta o mundo: sabedoria, integração e o desejo pela inteireza

Há um ponto de amadurecimento na jornada psíquica, frequentemente alcançado por meio do trabalho com a dor, a ruptura e a busca por sentido, em que a mente deixa de buscar primariamente por alívio imediato de sintomas e passa a desejar algo mais profundo e duradouro: inteireza. Essa transição silenciosa e sem anúncio acontece quando o indivíduo percebe que a vida não trata apenas de vencer batalhas internas ou externas, mas de aprender a sustentar a presença – a estar plenamente ali, consciente, atento e responsivo – em meio às oscilações inevitáveis da vida, às perdas, às incertezas e às complexidades relacionais.

Sustentar a escuta, mesmo quando a fala do outro provoca desconforto ou ativa nossas próprias feridas. Sustentar o propósito, mesmo quando ele parece pequeno demais para justificar o esforço ou quando a jornada é difícil. Sustentar o cuidado, mesmo quando ele não encontra eco imediato ou reconhecimento externo. Essa sustentação não é um feito heroico, forçado pela vontade, é uma prática cotidiana, uma disposição interna que nasce da vontade de se manter desperto (consciente, não no piloto automático), sem se exaurir (gerenciando a energia e os ritmos), e sensível (aberto à experiência, interoceptivo), sem se fragmentar (mantendo a coerência e a integração).

Uma mente em comunhão, que alcançou essa capacidade de sustentação, não é aquela que dissolve suas bordas na expectativa de pertencimento, perdendo sua identidade. É aquela que compreende, a partir de uma sabedoria encarnada, que o vínculo mais profundo e autêntico não exige fusão, mas a presença de um *self* integrado e autônomo. Uma presença que não se impõe com força ou necessidade de controle, mas que se faz sentir por sua solidez discreta (enraizada na coerência interna), por sua escuta comprometida (validando a experiência do outro) e por sua capacidade de não reagir automaticamente diante do caos ou do conflito.

Essa presença cultivada com atenção e intenção torna-se, em si mesma, um campo de cura para si e para o outro. Não no sentido terapêutico convencional de consertar algo, mas no sentido mais profundo de reconectar o que havia se perdido: a conexão com o corpo, com as emoções, com a memória integrada, com os ritmos internos, com a própria consciência, com os outros em autenticidade, com o sentido e com a herança. É uma cura que acontece na presença atenta que contrasta com o excesso, o barulho e a aceleração que fragmentam e isolam.

Não se trata de idealizar um estado contínuo e inatingível de lucidez ou paz. Trata-se de reconhecer que a saúde mental em sua maturidade é a capacidade resiliente de retornar. Retornar ao centro após o desequilíbrio. Retornar à escuta após o julgamento ou a reatividade. Retornar ao corpo após a dispersão mental. Esse retorno não é regressão, é refinamento, uma habilidade aprimorada do sistema nervoso e da consciência. É quando a mente compreende que não se trata de eliminar os ruídos internos ou externos da vida (pensamentos intrusivos, emoções desafiadoras, conflitos), mas de aprender a escutá-los – a percebê-los com lucidez – sem perder o eixo da própria coerência interna e da capacidade de escolha. E é nessa escuta lúcida, integrada e ancorada na presença que nasce uma forma diferente de estar no mundo: uma forma que não busca vencer (controlar, dominar, estar certo), mas pertencer com integridade – a si mesmo, aos outros, ao fluxo da vida, ao universo.

A partir daqui, entramos no território mais sutil e talvez o mais essencial desta jornada de autoconhecimento e cura. Não mais focaremos apenas a mente como função executiva (CPF), como gestão do trauma (memória, amígdala) ou como arquitetura racional, mas como sabedoria – um estado integrado em que a biologia, a psicologia e a dimensão existencial se encontram. Essa sabedoria se manifesta como presença expandida no tempo (coerência e sentido ao longo da história), como uma ecologia interior (integração harmoniosa de todos os sistemas: corpo, emoção, memória, relações, tempo, consciência, espiritualidade) que não nega a complexidade ou o sofrimento do mundo, mas o integra com discernimento a partir de um centro estável.

Capítulo 12

A MENTE ESSENCIAL: SABEDORIA, TEMPO E LONGEVIDADE CONSCIENTE

A verdadeira felicidade é desfrutar o presente,
sem dependência ansiosa do futuro.
Sêneca

Chegamos, enfim, ao ponto culminante da nossa jornada. Percorremos as intrincadas paisagens da mente e do corpo, desvendando a linguagem oculta do sofrimento, a notável capacidade de transformação inscrita em nossa biologia, a forma como o passado molda o presente, a necessidade vital de conexão, a sabedoria esquecida do tempo interno, o poder libertador da consciência e da escolha, a busca inata por sentido e pertencimento e a inevitável dança entre ruptura e reintegração. Agora, no último capítulo deste livro, integramos todos esses fios para definir um estado que representa o ápice da saúde mental e do florescimento humano: a sabedoria, a mente essencial.

A sabedoria, frequentemente idealizada ou confinada a figuras lendárias, não é, em sua essência prática e encarnada, um mero acúmulo de conhecimento formal ou de informações. A era da informação nos mostrou que o acesso ilimitado a fatos não garante lucidez nem bem-estar. A sabedoria, conforme a compreensão profunda que emerge da integração da biologia e da psicologia, reside na capacidade de integrar o que foi vivido. Não apenas recordar fatos, mas sintetizar as experiências cruas da existência – a alegria efêmera e a dor profunda, o sucesso desejado e a perda inesperada, as complexidades relacionais, as percepções intuitivas e os *insights* racionais, as memórias fragmentadas e as narrativas coerentes e até mesmo os padrões e sensibilidades herdados de gerações anteriores – em uma forma de ser que transcende a simples soma das partes. É transformar a experiência em conhecimento encarnado, que informa e molda uma forma de estar no mundo.

Essa forma de estar no mundo, característica da mente sábia e essencial, manifesta-se em uma relação profundamente diferente com os pilares da existência:

- Não fere o tempo. Em vez de viver sob a tirania da urgência crônica, lutando contra o relógio, a mente sábia se alinha com os ritmos biológicos internos (circadianos, ultradianos) e com o fluxo natural da vida. Ela valoriza a pausa, a presença e a lentidão necessária para a integração e o aprofundamento. Não busca preencher cada segundo de forma produtiva, mas habita o tempo qualitativo com atenção e discernimento. Fere o tempo quem o ignora, quem o violenta, quem o reduz a uma linha implacável sem espaço para respirar, sentir e ser. A mente essencial se move com o tempo, não *contra* ele.
- Não desperdiça o silêncio. Em uma cultura que teme o vácuo sonoro, a mente sábia reconhece o silêncio não como ausência, mas como um campo fértil. Valoriza e utiliza o silêncio interno e externo para a introspecção, a autorregulação do sistema nervoso e a criatividade, bem como para acessar camadas mais profundas de *insight* e intuição que se perdem no barulho. Desperdiça o silêncio quem o preenche compulsivamente com ruído, distrações ou pensamento incessante, que impedem a escuta da própria sabedoria interna. A mente essencial encontra força e clareza na quietude.
- Não reage a tudo que pulsa com medo de desaparecer. A mente sábia aprendeu a modular sua resposta conforme a intensidade da vida – seja a intensidade de uma emoção desafiadora, um

estímulo externo ou a própria e inevitável pulsação de mudança e finitude. Ela responde a partir de um lugar de escolha consciente e de segurança interna (autonomia, integridade construída), em vez de ser impulsionada pela reatividade automática do sistema límbico (amígdala, eixo HHA ativado, SNA simpático dominante) ou pelo medo primordial do ego de aniquilação, irrelevância ou perda de controle. É uma postura de presença lúcida e de confiança, que permite engajar-se com a vida em sua totalidade, abraçando a vulnerabilidade sem ser paralisado pelo medo de ser diminuído pela experiência.

Essa maturidade mental, que é o resultado dessa integração e dessa forma de estar no mundo, não é simplesmente uma etapa superior da cognição, no sentido de ter um QI mais alto ou maior capacidade de processamento de informações. Ela é, fundamentalmente, uma forma de presença encarnada – uma qualidade de estar no momento com atenção plena e autoconsciência. É uma qualidade da atenção que é lúcida, flexível e não julgadora, capaz de perceber a complexidade interna e externa sem ser sequestrada pela reatividade. E é uma disposição profunda de caminhar com aquilo que antes se tentava evitar – a dor, a incerteza, a vulnerabilidade, o desconforto emocional.

A mente essencial, a mente sábia em funcionamento, não é uma mente vazia de conflitos e emoções. Ela é uma mente que já aprendeu a atravessá-las – a sentir a gama completa do espectro emocional sem ser consumida, a observar as emoções sem se identificar totalmente com elas. Ela reconhece a energia potente da raiva, por exemplo, mas não a transforma automaticamente em uma arma destrutiva contra si mesma ou contra outros – aprende a usar essa energia para sustentar limites ou buscar justiça com discernimento. Ela sente a tristeza profunda diante da perda ou da desilusão, mas não a instala como uma casa permanente, que define toda a sua identidade – permite que a tristeza seja uma visitante, uma passagem que traz profundidade. Ela habita o desejo e a busca por conexão e propósito, mas sem ser governada por eles de forma impulsiva. E, principalmente, aprendeu com a experiência que a verdade mais profunda, os *insights* mais transformadores, a sabedoria mais autêntica raramente chegam pela via da velocidade, da pressa, da performance incessante. Eles nascem do espaço, da pausa, da escuta atenta que a mente sábia cultiva.

Ao longo dos capítulos anteriores, percorremos os caminhos que nos levam a essa capacidade de integração e a essa forma de estar no mundo. Começamos escutando a linguagem muitas vezes sussurrada do corpo e das emoções e entendendo nossa incrível capacidade biológica de mudar (plasticidade). Mergulhamos na forma como a memória e a narrativa moldam nossa realidade e nossa identidade e reconhecemos a necessidade fundamental e biologicamente enraizada dos vínculos e o custo da solidão. Redescobrimos a sabedoria dos nossos ritmos internos, o poder da pausa e da contemplação e cultivamos a consciência e a atenção como ferramentas de observação e liberdade. Exploramos a busca por sentido, a força da fé e a neurobiologia do sagrado como fontes de neuroproteção existencial e aprendemos a enxergar a dor, a ruptura e a perda como portais de transformação e reintegração. Compreendemos como a identidade se tece através do fio invisível da herança psíquica e da continuidade narrativa e reivindicamos nossa autonomia psíquica por meio do exercício da escolha consciente em face do automatismo. E, por fim, expandimos nossa compreensão da saúde mental para além do indivíduo, vendo a mente em comunhão, encontrando propósito e cura na presença e na contribuição para algo maior.

Todos esses caminhos, todas essas descobertas, não são fins em si mesmos. Nenhum deles é suficiente isoladamente. Eles culminam e se fundem em uma vida que pode ser sustentada com integridade – uma vida em que o interior e o exterior estão em alinhamento, em que os valores conscientes guiam as ações, em que a vulnerabilidade é abraçada com força e em que a presença é a âncora. Porque uma saúde mental profunda não se revela apenas na ausência de sofrimento clínico manifesto, mas aparece, de forma mais genuína e inspiradora, nos pequenos gestos do cotidiano: na forma atenta como se prepara um café, na escuta compassiva e sem pressa oferecida a alguém que não está bem, na escolha deliberada de não acelerar desnecessariamente uma conversa, um projeto criativo ou o processo natural de um ciclo de vida. Aparece, sobretudo, no modo como se encara a própria relação com o tempo – não mais como um tirano a ser combatido e conquistado, mas como um aliado que traz maturação, clareza e a oportunidade de integrar o vivido no fluxo constante da existência.

Neste ponto da jornada, o convite não é mais tanto o de construir essas capacidades – a plasticidade, a atenção, a autonomia, a coerência, o sentido –, pois os capítulos anteriores nos mostraram os caminhos para isso. O convite agora é para sustentar essa mente lúcida, essa forma integrada de estar no mundo, em face da realidade externa que frequentemente rema contra essa corrente. Sustentar uma mente lúcida e uma autonomia consciente é, paradoxalmente, mais desafiador do que despertá-las. Porque o mundo não ajuda. O ruído externo (e interno) é constante. A promessa de distração e fuga do desconforto é diária e sedutora. A exaustão crônica, imposta pela cultura da pressa e da performance, é normalizada. E é por isso que as práticas simples – aquelas que, em sua modéstia, soam insuficientes ou banais demais para um manual moderno de autoajuda – são as que, no fim, oferecem o abrigo mais seguro e sustentável. A pausa intencional antes de responder a um e-mail ou a uma crítica. A respiração consciente para centrar-se antes de uma reunião desafiadora. O retorno deliberado à pergunta essencial que se pode repetir como um mantra silencioso ao longo da vida adulta, calibrando a bússola interna: "Esse gesto, essa palavra, essa escolha... me aproxima ou me afasta da inteireza do meu ser, da minha coerência, da minha sabedoria?".

Se saúde mental é também longevidade, é porque ela requer sustentação ao longo do tempo. E nada se sustenta de forma profunda sem método, sem a arte da pausa, sem um alinhamento interno constante. Este capítulo final não propõe uma fórmula mágica ou um ponto final estático de iluminação, mas um caminho possível a ser trilhado continuamente: o da presença amadurecida que reconhece, com uma sabedoria que emerge da integração do vivido, que tudo – o corpo em sua finitude, a mente em sua complexidade, o tempo em seu fluxo, os vínculos em sua dança, os ritos de passagem e de retorno – se organiza melhor, se encontra em harmonia, se revela em sua essência, quando há um centro de gravidade interno firme, calmo, ancorado no essencial. E é a partir desse centro – cultivado pela prática constante da atenção, da escolha consciente e da integração – que a vida, enfim, deixa de ser algo que simplesmente acontece *com* a gente, muitas vezes nos arrastando e desintegrando, e passa a ser algo que somos capazes de habitar com consciência, com presença e com dignidade.

Sustentar a clareza: longevidade como estado interno cultivado pela prática constante

A palavra *longevidade* em nossa cultura tende a evocar, primeiramente, métricas puramente cronológicas e biológicas: quantos anos uma pessoa viveu, em que condições físicas gerais ela chegou a essa idade, com que grau de independência funcional e ausência de doenças crônicas. Mas a longevidade real – aquela que confere profundidade, significado e qualidade à experiência de existir ao longo do tempo – transcende as métricas biológicas e começa muito antes do envelhecimento físico se manifestar. Trata-se, fundamentalmente, da capacidade de sustentar a clareza – aquela lucidez que nos permite perceber a realidade interna e externa com discernimento – por tempo suficiente para que a vasta maioria das nossas decisões e respostas à vida não sejam ditadas pela confusão interna, pelo medo reativo, pela dor não processada ou pela repetição inconsciente de padrões herdados. É essa clareza sustentada que nos permite continuar inteiros (integrados, coerentes) mesmo quando os papéis sociais que desempenhamos mudam drasticamente (aposentadoria, perda de *status*), os vínculos que nos sustentam se transformam ou se perdem (luto, separação) ou o próprio corpo se modifica com o passar dos anos (envelhecimento, doença). É o nosso eixo interno que se mantém firme em meio ao fluxo da vida.

Essa clareza, vital para a longevidade real, não é um dom com que nascemos e que permanece inalterado; ela é cultivada, é uma capacidade que exige nutrição e prática contínuas ao longo da vida. Uma mente essencial, uma mente que almeja a sabedoria duradoura, não se alimenta da performance incessante ou da mera aquisição de informações externas que a cultura tanto valoriza. Ela se nutre de fontes mais profundas e silenciosas.

- Silêncio: a prática regular de encontrar e habitar o silêncio – interno e externo – é um nutriente essencial para uma mente clara. É no silêncio que a mente sobrecarregada encontra repouso, que o sistema nervoso autônomo se recalibra, que a intuição emerge e que podemos acessar a sabedoria não verbal que reside em nós. Uma mente que tem medo ou evita o silêncio está negando a si mesma o alimento fundamental para sustentar a clareza em meio ao barulho do mundo.
- Sínteses: a mente essencial se nutre da capacidade de integrar experiências, de tecer os fios aparentemente desconectados da vida em uma tapeçaria de sentido. Não se trata de simplificar em excesso, mas de encontrar padrões, de aprender com o vivido e

de destilar sabedoria a partir da complexidade. Isso exige tempo para reflexão e processamento, pois a velocidade impede a digestão da experiência.

- Revisões internas periódicas: a mente sábia não espera o colapso para olhar para dentro. Ela desenvolve rituais de retorno a si mesma – práticas consistentes de introspecção, reflexão e avaliação do próprio estado interno, das crenças, dos padrões emocionais e das escolhas feitas. Esses rituais não precisam ser formais no sentido religioso, podem ser tão simples quanto reservar quinze minutos por dia ou uma hora por semana para sentar-se em silêncio, meditar, escrever em um diário reflexivo ou simplesmente caminhar na natureza com atenção. Pessoas que preservam a saúde mental, a lucidez e uma sensação de propósito na velhice não são, via de regra, as que viveram vidas sem desafios ou com estabilidade emocional ininterrupta. São aquelas que desenvolveram a disciplina e a sabedoria de integrar o vivido por meio desses rituais de retorno a si mesmas, prevenindo a rigidez psíquica – aquela fixação em padrões antigos, ressentimentos não resolvidos ou crenças limitantes – que tanto adoece e envelhece a mente prematuramente.

A prática de revisão interna, especialmente a faxina simbólica da mente, atua como um método poderoso para sustentar a clareza. Um ritual pode ser tão simples quanto fazer um inventário emocional ao final de cada semana: "O que ficou em mim (pensamento, emoção, sensação, padrão) que não precisa ser carregado para a próxima semana? O que aprendi com isso que me permite soltar o peso?". Esse tipo de gesto, se repetido com seriedade (levando a prática a sério) e leveza (sem autojulgamento excessivo), cria espaço interno para o novo (plasticidade). Reduz a carga emocional não metabolizada – aquele peso de experiências não processadas que se acumula no corpo e na mente, contribuindo para o estresse crônico, a inflamação e a doença. Previne a rigidez psíquica que se manifesta como teimosia, intolerância, ressentimento crônico – características que frequentemente acompanham o envelhecimento privado de sabedoria.

A sabedoria popular, muitas vezes, intuiu essas verdades biológicas antes da ciência: "Quem guarda mágoas envelhece mal" ou "o que não mata, fortalece". A neurociência e a psicossomatologia confirmam: o que não é reintegrado pelo processamento mental através da reflexão, do perdão e da ressignificação volta a cobrar seu preço no corpo em forma de tensão muscular, desregulação hormonal, inflamação crônica e, em última instância, envelhecimento celular acelerado e doença.

Por isso é tão crucial treinar o pensamento não apenas para resolver problemas lógicos ou organizar informações, mas para a arte de soltar pesos simbólicos – liberar o apego a narrativas antigas e limitantes, a identidades rígidas, a ressentimentos e a medos que não nos servem mais. Uma prática poderosa nesse sentido, que se sustenta na simplicidade e na consistência, é escolher um momento fixo do dia – sempre o mesmo, se possível, honrando o ritmo interno – para fazer o inventário emocional mais honesto possível: "De tudo que senti hoje, o que precisa ser visto com mais compaixão?". Essa pergunta não exige uma resposta racional imediata ou complexa. Basta que seja feita com intenção atenta e uma postura de compaixão para consigo mesmo. O cérebro, treinado ao longo dos capítulos anteriores a sustentar atenção, cultivar coerência e acessar a sabedoria interna, saberá como organizar o restante – como processar, integrar ou liberar aquilo que foi trazido à luz da consciência.

A mente como morada: quando o tempo se torna companhia e a vida encontra seu lar interno

Em uma cultura obcecada pela busca incessante pela felicidade como um estado eufórico constante, talvez a maior conquista da saúde mental madura seja algo mais tranquilo e profundo: a companhia confiável de si mesmo. Não importa o que se vive – os desafios, as perdas, as mudanças inevitáveis do corpo e do mundo. O que envelhece com dignidade, o que mantém a integridade em meio ao fluxo da existência, é a mente que aprendeu, por meio da integração do vivido e da prática constante, a não se abandonar. A não se perder no caos externo ou interno, a não se identificar com cada pensamento ou emoção passageira, a não buscar validação externa para sua própria existência.

Essa mente, que se tornou sua própria morada interna, não se define mais rigidamente por suas opiniões ou por seus humores flutuantes. Ela se organiza por coerência (integridade entre sentir, acreditar e viver). Ela se sustenta pela presença (consciência atenta ao momento). E ela se expande no mundo sem precisar convencer ninguém do seu valor ou da sua existência, pois encontra sua validação em sua própria integridade interna.

A mente como morada sabe quanto vale o silêncio – não apenas como ausência de ruído, mas como espaço para a escuta profunda. Sabe o que não precisa mais ser provado ao mundo, liberada da necessidade de performance e aprovação externa. Sabe quando uma dor já não exige análise ou argumento, mas apenas espaço para ser sentida e atravessada com compaixão.

Com o tempo, quando essa mente como morada é cultivada, tudo parece se simplificar internamente, não por negação da complexidade, mas em razão de uma sabedoria que integra. Os pensamentos perdem velocidade e intensidade (RMP regulada). As respostas a si mesmo e aos outros se tornam mais generosas e menos reativas. A urgência neurótica cede lugar à clareza e ao discernimento. E essa clareza, ao contrário do que prometem os atalhos modernos da informação excessiva ou das soluções rápidas, não vem de fora, ela nasce de dentro, da repetição silenciosa e intencional de escolhas conscientes que construíram um centro firme (eixo interno) onde antes havia apenas reatividade e fragilidade.

Essa é a mente essencial: aquela que sustenta o tempo (vive em alinhamento com seus ritmos e aceita seu fluxo) sem se dissolver nele (mantém sua integridade e identidade). Que não teme o futuro desconhecido, porque não precisa mais se proteger constantemente do passado não processado. Que não precisa da ilusão da perfeição, porque encontrou, na integridade – na coerência entre o ser interno e a forma de estar no mundo –, um lugar profundamente habitável. Essa mente não promete resolver todos os dilemas existenciais ou eliminar todas as dificuldades da vida. Mas caminha com um tipo raro de lucidez – aquela que não se faz notar pelo brilho externo, mas que transforma tudo que toca –, a partir de uma presença calma e radicada. E que, no fim, é a forma mais silenciosa, profunda e poderosa de liberdade que um ser humano pode experimentar.

Talvez isso seja o que de mais valioso se possa desejar ao concluir esta jornada pelos caminhos da mente, do corpo e da alma: que cada leitor possa, à sua maneira única, iniciar ou aprofundar a construção dessa mente essencial, dessa morada interna. Reconhecendo que não há saúde (biológica, psicológica, existencial) sem verdade (honestidade consigo mesmo, autenticidade na expressão do vivido). Que não há longevidade (real, vivida com profundidade) sem presença (consciência atenta ao momento, encarnada). E que não há sabedoria (a capacidade de integrar o vivido em uma forma de estar no mundo que cura) sem a coragem de continuar – de enfrentar a dor, a vulnerabilidade, as incertezas, as perdas, a finitude – mantendo acesa a vontade de viver com inteireza, com a totalidade do ser integrado até o último fôlego. Porque o fim da jornada, quando habitado com uma capacidade mais profunda da percepção de si, deixa de ser apenas um término biológico e se torna a última e mais profunda expressão de uma vida plenamente vivida, integrada e sábia.

REFERÊNCIAS BIBLIOGRÁFICAS

Ader, R.; Cohen, N. (1975). Behaviorally conditioned immunosuppression. *Psychosomatic Medicine*, *37*(4), 333–340. Disponível em: https://doi.org/10.1097/00006842-197507000-00007

Ainsworth, M. D. S.; Blehar, M. C.; Waters, E.; Wall, S. (1978). *Patterns of attachment: A psychological study of the strange situation*. Lawrence Erlbaum Associates.

Ardelt, M. (2003). Empirical assessment of three dimensions of wisdom: The construct validity of the wisdom scale. *Research on Aging*, *25*(3), 275–324. Disponível em: https://doi.org/10.1177/0164027503025003004

Ardelt, M. (2011). Wisdom and aging: Toward a new model of successful aging. *Social Psychology Quarterly*, *74*(3), 213–237.

Baltes, P. B.; Smith, J. (1990). Toward a psychology of wisdom and its ontogenesis. In R. J. Sternberg (ed.). *Wisdom: Its nature, origins, and development* (p. 87-120). Cambridge University Press.

Bauman, Z. (2000). Liquid Modernity. Cambridge: Polity Press.

Baumeister, R. F.; Leary, M. R. (1995). The need to belong: Desire for interpersonal attachments as a fundamental human motivation. *Psychological Bulletin*, 117(3), 497–529. Disponível em: https://doi.org/10.1037/0033-2909.117.3.497.

Beck, A. T. (1976). *Cognitive therapy and the emotional disorders*. International Universities Press.

Blackburn, E. H.; Epel, E. S. (2012). Telomeres and adversity: Too toxic to ignore. Nature, v. 490, nº 7419, p. 169-171, 2012. Disponível em: https://doi.org/10.1038/490169a.

Bohacek, J., & Mansuy, I. M. (2015). Molecular insights into transgenerational non-genetic inheritance of acquired behaviours. Nature Reviews Genetics, 16(11), 641–652. Disponível em: https://doi.org/10.1038/nrg3964

Bonanno, G. A. (2004). Loss, trauma, and human resilience: Have we underestimated the human capacity to thrive after extremely aversive events? *American Psychologist*, *59*(1), 20–28. Disponível em: https://doi.org/10.1037/0003-066X.59.1.20.

Bowlby, J. (1969/1982). *Attachment and loss: Vol. 1. Attachment.* Basic Books.

Bratman, G. N., Hamilton, J. P., Hahn, K. S., Daily, G. C., & Gross, J. J. (2015). Nature experience reduces rumination and subgenual prefrontal cortex activation. Proceedings of the National Academy of Sciences, 112(28), 8567–8572. Disponível em: https://doi.org/10.1073/pnas.1510459112

Bremner, J. D., Randall, P., Scott, T. M., Bronen, R. A., Seibyl, J. P., Southwick, S. M., ... & Charney, D. S. (1995). MRI-based measurement of hippocampal volume in patients with combat-related posttraumatic stress disorder. American Journal of Psychiatry, 152(7), 973–981.

Brewer, J. A., Worhunsky, P. D., Gray, J. R., Tang, Y. Y., Weber, J., & Kober, H. (2011). Meditation experience is associated with differences in default mode network activity and connectivity. Proceedings of the National Academy of Sciences, 108(50), 20254–20259. Disponível em: https://doi.org/10.1073/pnas.1112029108

Brown, K. W.; Ryan, R. M. (2003). The benefits of being present: Mindfulness and its role in psychological well-being. *Journal of Personality and Social Psychology*, *84*(4), 822–848. Disponível em: https://doi.org/10.1037/0022-3514.84.4.822.

Bruner, J. (1990). *Acts of meaning.* Harvard University Press.

Cacioppo, J. T.; Patrick, W. (2008). *Loneliness: Human nature and the need for social connection.* W. W. Norton & Company. Disponível em: https://wwnorton.com/books/9780393335286.

Charmandari, E.; Tsigos, C.; Chrousos, G. (2005). Endocrinology of the stress response. *Annual Review of Physiology*, *67*, 259–284. Disponível em: https://doi.org/10.1146/annurev.physiol.67.040403.120816

Cohen, S.; Janicki-Deverts, D.; Doyle, W. J.; Miller, G. E.; Frank, E.; Rabin, B. S.; Turner, R. B. (2012). Chronic stress, glucocorticoid receptor resistance, inflammation, and disease risk. *Proceedings of the National Academy of Sciences*, *109*(16), 5995–5999. Disponível em: https://doi.org/10.1073/pnas.1118355109.

Conway, M. A. Memory and the self. Journal of Memory and Language, v. 53, nº 4, p. 594–628, 2005. Disponível em: https://doi.org/10.1016/j.jml.2005.08.005.

Cozolino, L. (2006). *The neuroscience of human relationships: Attachment and the developing social brain*. W. W. Norton & Company.

Cozolino, L. (2014). *The neuroscience of psychotherapy: Healing the social brain* (2nd ed.). W. W. Norton & Company.

Cryan, J. F., & Dinan, T. G. (2012). Mind-altering microorganisms: The impact of the gut microbiota on brain and behaviour. Nature Reviews Neuroscience, 13(10), 701–712. Disponível em: https://doi.org/10.1038/nrn3346

Cuijpers, P., *et al.* (2020). Psychotherapies for depression in low – and middle – income countries: A meta-analysis. *Psychological Medicine*, *50*(9), 1391–1400. Disponível em: https://www.google.com/search?q=https://doi.org/10.1017/S003329171900211X.

Damasio, A. R. (1994). *Descartes' error: Emotion, reason, and the human brain*. G. P. Putnam's Sons.

Danieli, Y. (Ed.). (1998). International handbook of multigenerational legacies of trauma. Springer. Disponível em: https://doi.org/10.1007/978-1-4757-5567-1

Davidson, R. J. (2004). Well-being and affective style: Neural substrates and biobehavioral correlates. *Philosophical Transactions of the Royal Society of London. Series B: Biological Sciences*, *359*(1449), 1395–1411. Disponível em: https://doi.org/10.1098/rstb.2004.1510.

Davidson, R. J.; McEwen, B. S. (2012). Social influences on neuroplasticity: Stress and interventions to promote well-being. *Nature Neuroscience*, *15*(5), 689–695. Disponível em: https://doi.org/10.1038/nn.3111.

Decety, J.; Jackson, P. L. (2004). The functional architecture of human empathy. *Behavioral and Cognitive Neuroscience Reviews, 3*(2), 71–103. Disponível em: https://www.google.com/search?q=https://doi.org/10.1177/1534582304267487.

Deci, E. L.; Ryan, R. M. (1985). *Intrinsic motivation and self-determination in human behavior*. Plenum.

Dehaene, S. (2014). *Consciousness and the brain: Deciphering how the brain codes our thoughts*. Viking.

Dias, B. G., & Ressler, K. J. (2014). Parental olfactory experience influences behavior and neural structure in subsequent generations. Nature Neuroscience, 17(1), 89–96. Disponível em: https://doi.org/10.1038/nn.3594

Dikker, S., Wan, L., Davidesco, I., Kaggen, L., Oostrik, M., McClintock, J., … Poeppel, D. (2017). Brain-to-brain synchrony tracks real-world dynamic group interactions in the classroom. Current Biology, 27(9), 1375–1380. Disponível em: https://doi.org/10.1016/j.cub.2017.04.002

Doidge, N. (2007). *The brain that changes itself: Stories of personal triumph from the frontiers of brain science*. Viking.

Eichenbaum, H. (2004). Hippocampus: Cognitive processes and neural representations that underlie declarative memory. *Neuron, 44*(1), 109–120. Disponível em: https://doi.org/10.1016/j.neuron.2004.08.028.

Eisenberg, N. (2000). Prosocial behavior. In A. E. Kazdin (ed.). *Encyclopedia of psychology* (vol. 6, p. 333–336). Oxford University Press.

Eisenberg, N.; Fabes, R. A.; Spinrad, T. L. (2006). Prosocial development. In W. Damon; R. M. Lerner (eds.), *Handbook of child psychology* (6th ed., vol. 3, p. 646-718). Wiley.

Eisenberger, N. I.; Lieberman, M. D. (2004). Why it hurts to be left out: The neurocognitive overlap between physical and social pain. *Trends in Cognitive Sciences, 8*(7), 294–300. Disponível em: https://doi.org/10.1016/j.tics.2004.05.010.

Epel, E. S., Blackburn, E. H., Lin, J., et al. (2004). Accelerated telomere shortening in response to life stress. Proceedings of the National Academy of Sciences, 101(49), 17312–17315. Disponível em: https://doi.org/10.1073/pnas.0407162101.

Foa, E. B., Hembree, E. A., & Rothbaum, B. O. (2007). Prolonged exposure therapy for PTSD: Emotional processing of traumatic experiences – Therapist guide. Oxford University Press.

Foster, J. A., & Neufeld, K. A. M. (2013). Gut–brain axis: How the microbiome influences anxiety and depression. Trends in Neurosciences, 36(5), 305–312. Disponível em: https://doi.org/10.1016/j.tins.2013.01.005

Frankl, V. E. (1959). *Man's Search for Meaning: An Introduction to Logotherapy (4th ed.).* Beacon Press. (Original work published 1946)

Fredrickson, B. L.; Joiner, T. (2002). Positive emotions trigger upward spirals toward emotional well-being. *Psychological Science, 13*(2), 172–175. Disponível em: https://doi.org/10.1111/1467-9280.00431.

Freud, S. (1920/1955). Beyond the Pleasure Principle. In J. Strachey (Ed. & Trans.), The Standard Edition of the Complete Psychological Works of Sigmund Freud (Vol. 18, pp. 7–64). London: Hogarth Press.

Gallagher, S.; Zahavi, D. (2008). *The phenomenological mind: An introduction to consciousness, embodiment, and high-order cognition.* Cambridge University Press.

Goleman, D.; Davidson, R. J. (2017). *Altered Traits: Science Reveals How Meditation Changes Your Mind, Brain, and Body.* Avery.

Gould, E.; Tanapat, P. (1999). Stress and hippocampal neurogenesis. *Biological Psychiatry*, *46*(11), 1472–1479. Disponível em: https://doi.org/10.1016/S0006-3223(99)00247-4.

Gross, J. J. (1998). The emerging field of emotion regulation: An integrative review. *Review of General Psychology*, *2*(3), 271-299. Disponível em: https://doi.org/10.1037/1089-2680.2.3.271.

Grossman, P.; Schmidt, S.; Niemann, L.; Walach, H. (2004). Mindfulness-based stress reduction and health benefits: A meta-analysis and systematic review of controlled clinical trials. *Journal of Psychosomatic Research*, *57*(1), 35-43. Disponível em: https://doi.org/10.1016/S0022-3999(03)00573-7.

Hammen, C., Kim, E. Y., Eberhart, N. K., & Brennan, P. A. (2009). Chronic and acute stress and the prediction of major depression in women. Depression and Anxiety, 26(8), 718–723. Disponível em: https://onlinelibrary.wiley.com/doi/10.1002/da.20571. PubMed

Hart, H., & Rubia, K. (2012). Neuroimaging of child abuse: a critical review. Frontiers in Human Neuroscience, 6, 52.

Hasson, U., Ghazanfar, A. A., Galantucci, B., Garrod, S., & Keysers, C. (2012). Brain-to-brain coupling: A mechanism for creating and sharing a social world. Trends in Cognitive Sciences, 16(2), 114–121. Disponível em: https://doi.org/10.1016/j.tics.2011.12.007

Hill, P. C.; Hood, R. W. (eds.). (1999). *Measures of religiosity*. Religious Education Press.

Holt-Lunstad, J., Smith, T. B., & Layton, J. B. (2010). Social relationships and mortality risk: A meta-analytic review. PLoS Medicine, 7(7), e1000316. Disponível em: https://doi.org/10.1371/journal.pmed.1000316

Holt-Lunstad, J., Smith, T. B., Baker, M., Harris, T., & Stephenson, D. (2015). Loneliness and social isolation as risk factors for mortality: A meta-analytic review. Perspectives on Psychological Science, 10(2), 227–237. Disponível em: https://doi.org/10.1177/1745691614568352

Holzel, B. K., *et al.* (2011). Mindfulness practice leads to increases in regional brain gray matter density. *Psychiatry Research: Neuroimaging*, *191*(1), 36-43. Disponível em: https://doi.org/10.1016/j.pscychresns.2010.08.006.

James, W. (1890). *The principles of psychology*. Henry Holt and Company.

Jeste, D. V.; Meeks, T. W. (2009). Understanding and measuring wisdom. *Perspectives in Biology and Medicine*, *52*(2), 215-230. Disponível em: https://doi.org/10.1353/pbm.0.0082.

Juster, R. P.; McEwen, B. S.; Lupien, S. J. (2010). Allostatic load biomarkers of chronic stress and impact on health and cognition. *Neuroscience & Biobehavioral Reviews*, *35*(1), 2-16. Disponível em: https://doi.org/10.1016/j.neubiorev.2009.10.002.

Kabat-Zinn, J. (2003). Mindfulness-based interventions in context. *Clinical Psychology: Science and Practice*, *10*(2), 144-156. Disponível em: https://doi.org/10.1093/clipsy.bpg016.

Kaplan, R., & Kaplan, S. (1989). The experience of nature: A psychological perspective. Cambridge University Press.

Karl, A., Schaefer, M., Malta, L. S., Dörfel, D., Rohleder, N., & Werner, A. (2006). A meta-analysis of structural brain abnormalities in PTSD. Neuroscience & Biobehavioral Reviews, 30(7), 1004–1031.

Kiecolt-Glaser, J. K.; Preacher, K. J.; MacCallum, R. C.; Atkinson, C.; Malarkey, W. B.; Glaser, R. (2003). Chronic stress and age-related increases in the proinflammatory cytokine IL-6. *PNAS, 100*(15), 9090–9095. Disponível em: https://doi.org/10.1073/pnas.1531903100.

Kiecolt-Glaser, J. K., Preacher, K. J., MacCallum, R. C., Atkinson, C., Malarkey, W. B., & Glaser, R. (2003). Chronic stress and age-related increases in the proinflammatory cytokine IL-6. Proceedings of the National Academy of Sciences, 100(15), 9090–9095. Disponível em: https://doi.org/10.1073/pnas.1531903100

King, L. A.; Hicks, J. A.; Krull, J. L.; Del Gaiso, A. K. (2006). Positive affect and the experience of meaning in life. *Journal of Personality and Social Psychology, 90*(1), 179-195. Disponível em: https://doi.org/10.1037/0022-3514.90.1.179.

Kinreich, S., Djalovski, A., Kraus, L., Louzoun, Y., & Feldman, R. (2017). Brain-to-brain synchrony during naturalistic social interactions. Scientific Reports, 7, 17060. Disponível em: https://doi.org/10.1038/s41598-017-17339-5

Kirste, I., Nicola, Z., Kronenberg, G., Walker, T. L., Liu, R. C., & Kempermann, G. (2013). Is silence golden? Effects of auditory stimuli and their absence on adult hippocampal neurogenesis. Brain Structure and Function, 220(2), 1221–1228.

Koole, S. L. (2009). The psychology of emotion regulation: An integrative review. *Cognition and Emotion, 23*(1), 4-41. Disponível em: https://doi.org/10.1080/02699930802619031.

Lanius, R. A., Frewen, P. A., Vermetten, E., & Yehuda, R. (2010). Fear conditioning and early life vulnerabilities: two distinct pathways of emotional dysregulation and brain dysfunction in PTSD. *European Journal of Psychotraumatology, 1*. Disponível em: https://doi.org/10.3402/ejpt.v1i0.5467.

Lazar, S. W.; Kerr, C. E.; Wasserman, R. H.; Gray, J. R.; Greve, D. N.; Treadway, M. T.; Benson, H. (2005). Meditation experience is associated with increased cortical thickness. *NeuroReport, 16*(17), 1893-1897. Disponível em: https://doi.org/10.1097/01.wnr.0000186598.66243.19

LeDoux, J. E. (2002). *The emotional brain: The mysterious underpinnings of emotional life*. Simon & Schuster.

LeDoux, J. E. (2002). *Synaptic self: How our brains become who we are.* Viking.

Levine, P. A. (1997). Waking the tiger: Healing trauma. North Atlantic Books.

Li, Q., Morimoto, K., Kobayashi, M., Inagaki, H., Katsumata, M., Hirata, Y., ... & Miyazaki, Y. (2008). Visiting a forest, but not a city, increases human natural killer activity and expression of anti-cancer proteins. International Journal of Immunopathology and Pharmacology, 21(1), 117–127. Disponível em: https://doi.org/10.1177/039463200802100113

Lieberman, M. D. *Social: Why our brains are wired to connect.* Crown. New York: Crown Publishers, 2013.

Lutz, A., Slagter, H. A., Dunne, J. D., & Davidson, R. J. (2008). Attention regulation and monitoring in meditation. Trends in Cognitive Sciences, 12(4), 163–169. Disponível em: https://doi.org/10.1016/j.tics.2008.01.005

Mahoney, A. (2005). Religion and the southern Black family: Double-edged sword? *Journal of Psychology and Christianity, 24*(4), 360–368.

Markowitsch, H. J. (2002). Autobiographical memory. In L. R. Squire (ed.). *Encyclopedia of Neuroscience* (vol. 1, p. 381–386). Elsevier.

Marsland, A. L., Kuan, D. C.-H., Sheu, L. K., Krajina, K., Kraynak, T. E., Manuck, S. B., & Gianaros, P. J. (2017). Systemic inflammation and resting state connectivity of the default mode network. Brain, Behavior, and Immunity, 62, 162–170. Disponível em: https://doi.org/10.1016/j.bbi.2017.01.013

Marusak, H. A., Martin, K. R., Etkin, A., & Thomason, M. E. (2015). Childhood trauma exposure disrupts the automatic regulation of emotional processing. Neuropsychopharmacology, 40(5), 1250–1258. Disponível em: https://doi.org/10.1038/npp.2014.311

Maslow, A. H. (1969). The farther reaches of human nature. Journal of Transpersonal Psychology, 1(1), 1–9.

Masten, A. S. (2001). Ordinary magic: Resilience processes in development. *American Psychologist, 56*(3), 227–238. Disponível em: https://doi.org/10.1037/0003-066X.56.3.227.

McAdams, D. P. (2001). The psychology of life stories. *Review of General Psychology, 5*(2), 100–122. Disponível em: https://doi.org/10.1037/1089-2680.5.2.100.

McEwen, B. S.; Akil, H. (2020). Revisiting the stress concept: Implications for affective disorders. *Journal of Neuroscience, 40*(1), 12–21. Disponível em: https://doi.org/10.1523/JNEUROSCI.0733-19.2019.

McEwen, B. S.; Sapolsky, R. M. (1995). Stress and cognitive function. *Current Opinion in Neurobiology, 5*(2), 205–216. Disponível em: https://doi.org/10.1016/0959-4388(95)80028-X.

McEwen, B. S., & Stellar, E. (1993). Stress and the individual: Mechanisms leading to disease. Archives of Internal Medicine, 153(18), 2093–2101. Disponível em: https://doi.org/10.1001/archinte.1993.00410180039004

Meaney, M. J. (2001). Maternal care, gene expression, and the transmission of individual differences in stress reactivity across generations. *Annual Review of Neuroscience, 24*, 1161–1192. Disponível em: https://doi.org/10.1146/annurev.neuro.24.1.1161.

Meeks, T. W.; Jeste, D. V. (2009). Neurobiology of Wisdom: A Literature Overview. Archives of General Psychiatry, 66(4), 355–365. Disponível em: https://doi.org/10.1001/archpsyc.61.6.592.

Merzenich, M. M.; Wright, B.; Jenkins, W.; Xerri, V.; Byl, C.; Miller, S. L.; Tallal, P. (1996). Cortical plasticity underlying perceptual, motor, and cognitive skill development: Implications for neurorehabilitation. Cold Spring Harbor Symposia on Quantitative Biology, 61, 1–8. Disponível em: https://doi.org/10.1101/SQB.1996.061.01.003.

Miller, A. H.; Raison, C. L. (2016). The role of inflammation in depression: From evolutionary imperative to modern treatment target. *Nature Reviews Immunology, 16*(1), 22–34. Disponível em: https://doi.org/10.1038/nri.2015.5.

Nemeroff, C. B. (2020). The state of our understanding of the pathophysiology and optimal treatment of depression: Glass half full or half empty? *American Journal of Psychiatry, 177*(8), 673–684. Disponível em: https://doi.org/10.1176/appi.ajp.2020.20060845

Newberg, A. B., Alavi, A., Baime, M. J., Pourdehnad, M., Santanna, J., & d'Aquili, E. G. (2001). The measurement of regional cerebral blood flow during the complex cognitive task of meditation: A preliminary SPECT study. Psychiatry Research, 106(2), 113–122. Disponível em: https://doi.org/10.1016/S0925-4927(01)00074-9.

Newberg, A.; Waldman, M. R. (2006). *Why we believe what we believe: Uncovering our biological need for meaning, spirituality, and truth.* Health Communications, Inc.

Ogden, P.; Minton, K.; Pain, C. (2006). *Trauma and the body: A sensorimotor approach to psychotherapy.* W. W. Norton & Company.

Ogden, P.; Fisher, R. (2015). *Sensorimotor psychotherapy: Interventions for trauma and attachment.* W. W. Norton & Company.

Pargament, K. I. (1997). *The psychology of religion and coping: Theory, research, practice.* Guilford Press.

Pargament, K. I.; Koenig, H. G.; Perez, L. M. (2000). The many methods of religious coping: Development and initial validation of the RCOPE. *Journal of Clinical Psychology, 56*(4), 519–543.

Park, B. J., Tsunetsugu, Y., Kasetani, T., Kagawa, T., & Miyazaki, Y. (2010). The physiological effects of Shinrin-yoku (taking in the forest atmosphere or forest bathing): Evidence from field experiments in 24 forests across Japan. Environmental Health and Preventive Medicine, 15, 18–26.

Park, C. L. (2010). Making sense of the meaning literature: An integrative review of meaning making and its effects on adjustment to stressful life events. *Psychological Bulletin, 136*(2), 257–301. Disponível em: https://doi.org/10.1037/a0018301.

Pennebaker, J. W., & Seagal, J. D. (1999). Forming a story: The health benefits of narrative. Journal of Clinical Psychology, 55(10), 1243–1254.

Porges, S. W. (2007). The polyvagal perspective. *Biological Psychology, 74*(2), 116–143. Disponível em: https://doi.org/10.1016/j.biopsycho.2006.06.009.

Porges, S. W. (2009). The polyvagal theory: New insights into adaptive reactions of the autonomic nervous system. *Cleveland Clinic Journal of Medicine*, 76 (Suppl 2), S86–S90. Disponível em: https://doi.org/10.3949/ccjm.76.s2.17.

Porges, S. W. (2011). The polyvagal theory: Neurophysiological foundations of emotions, attachment, communication, and self-regulation. New York: W. W. Norton & Company.

Posner, M. I.; Rothbart, M. K. (2007). Research on attention networks as a model for the integration of psychological science. *Annual Review of Psychology*, 58, 1–23. Disponível em: https://doi.org/10.1146/annurev.psych.58.110405.085516.

Posner, M. I., & Petersen, S. E. (1990). The attention system of the human brain. Annual Review of Neuroscience, 13(1), 25–42. Disponível em: https://doi.org/10.1146/annurev.ne.13.030190.000325

Preston, S. D.; de Waal, F. B. M. (2002). Empathy: Its ultimate and proximate bases. *Behavioral and Brain Sciences, 25*(1), 1–20. Disponível em: https://doi.org/10.1017/S0140525X02000018.

Raz, A., & Buhle, J. (2006). Typologies of attentional networks. Nature Reviews Neuroscience, 7(5), 367–379. Disponível em: https://doi.org/10.1038/nrn1903

Rothschild, B. (2000). *The body remembers: Trauma as unfinished business in our lives.* W. W. Norton & Company.

Ryan, R. M.; Deci, E. L. (2000). Self-determination theory and the facilitation of intrinsic motivation. *American Psychologist, 55*(1), 68–78. Disponível em: https://doi.org/10.1037/0003-066X.55.1.68.

Ryff, C. D.; Singer, B. H. (1998). The contours of positive human health. *Psychological Inquiry, 9*(1), 1–28. Disponível em: https://doi.org/10.1207/s15327965pli0901_1.

Sapolsky, R. M. (2004). *Why Zebras Don't Get Ulcers.* Holt. Disponível em: https://us.macmillan.com/books/9780805073690.

Schacter, D. L. (1996). *Searching for memory: The brain, the mind, and the past.* BasicBooks.

Schacter, D. L. (1999). The seven sins of memory: Insights from psychology and cognitive neuroscience. American Psychologist, 54(3), 182–203. Disponível em: https://doi.org/10.1037/0003-066X.54.3.182

Schore, A. N. (2001). The effects of early relational trauma on right brain development, affect regulation, and infant mental health. Infant Mental Health Journal, 22(1–2), 201–269.

Schore, A. N. (2003). *Affect regulation and the repair of the self.* W. W. Norton & Company.

Schottenbauer, M. A., Glass, C. R., Arnkoff, D. B., Tendick, V., & Gray, S. H. (2008). Nonresponse and dropout rates in outcome studies on PTSD: Review and methodological considerations. Psychiatry, 71(2), 134–168. Disponível em: https://doi.org/10.1521/psyc.2008.71.2.134

Seligman, M. E. P.; Csikszentmihalyi, M. (2000). Positive psychology: An introduction. *American Psychologist*, *55*(1), 5–14. Disponível em: https://doi.org/10.1037/0003-066X.55.1.5.

Selye, H. (1956). *The Stress of Life*. McGraw-Hill.

Shapiro, F. (2001). Eye movement desensitization and reprocessing: Basic principles, protocols, and procedures (2nd ed.). Guilford Press.

Sharon, G., Sampson, T. R., Geschwind, D. H., & Mazmanian, S. K. (2016). The central nervous system and the gut microbiome. Cell, 167(4), 915–932. Disponível em: https://doi.org/10.1016/j.cell.2016.10.027

Shin, L. M., Rauch, S. L., & Pitman, R. K. (2006). Amygdala, medial prefrontal cortex, and hippocampal function in PTSD. Annals of the New York Academy of Sciences, 1071, 67–79.

Siegel, D. J. (1999). *The developing mind: How relationships and the brain interact to shape who we are*. Guilford Press.

Siegel, D. J. (2007). *The Mindful Brain*. W. W. Norton. Disponível em: https://drdansiegel.com/book/the-mindful-brain/.

Siegel, D. J. (2010). *Mindsight: The new science of personal transformation*. Bantam.

Singer, J. A. (2004). Narrative identity and autobiographical memory: stories of our lives. *Psychological Bulletin*, *130*(4), 580–600. Disponível em: https://www.google.com/search?q=https://doi.org/10.1037/0033-2909.130.4.582.

Singer, T.; Lamm, C. (2009). The social neuroscience of empathy. *Annals of the New York Academy of Sciences*, *1156*, 81–91. Disponível em: https://www.google.com/search?q=https://doi.org/10.1111/j.1749-6632.2008.03954.x.

Slavich, G. M.; Cole, S. W. (2013). The emerging field of human social genomics. *Clinical Psychological Science*, 1(3), 331–348. Disponível em: https://doi.org/10.1177/2167702613478594.

Southwick, S. M.; Charney, D. S. (2012). *Resilience: The science of mastering life's greatest challenges*. Cambridge University Press.

Stahl, J. E., Dossett, M. L., LaJoie, A. S., Denninger, J. W., Mehta, D. H., Goldman, R., Fricchione, G. L., Benson, H., & Libby, D. J. (2015). Relaxation response and resiliency training and its effect on healthcare resource utilization. PLoS ONE, 10(10), e0140212. Disponível em: https://doi.org/10.1371/journal.pone.0140212

Steger, M. F., Kashdan, T. B., Sullivan, B. A., & Lorentz, D. (2008). Understanding the search for meaning in life: Personality, cognitive style, and the dynamic between seeking and experiencing meaning. *Journal of Personality*, *76*(2), 199–228. Disponível em: https://doi.org/10.1111/j.1467-6494.2007.00484.x.

Sterling, P.; Eyer, J. (1988). Allostasis: A new paradigm to explain arousal pathology. In S. Fisher & J. Reason (Eds.), Handbook of Life Stress, Cognition and Health (pp. 629–649). Wiley.

Szyf, M., & Meaney, M. J. (2008). Epigenetics, behaviour, and health. Allergy, Asthma & Clinical Immunology, 4(1), 37–49. Disponível em: https://doi.org/10.1186/1710-1492-4-1-37

Tang, Y. Y., *et al.* (2015). The neuroscience of mindfulness meditation. *Nature Reviews Neuroscience*, *16*(4), 213–225. Disponível em: https://doi.org/10.1038/nrn3916.

Tedeschi, R. G., & Calhoun, L. G. (1996). The Posttraumatic Growth Inventory: Measuring the positive legacy of trauma. Journal of Traumatic Stress, 9(3), 455–471. Disponível em: https://doi.org/10.1007/BF02103658

Tedeschi, R. G., & Calhoun, L. G. (2004). Posttraumatic growth: Conceptual foundations and empirical evidence. Psychological Inquiry, 15(1), 1–18. Disponível em: https://doi.org/10.1207/s15327965pli1501_01

Thayer, J. F.; Åhs, F.; Fredrikson, M.; Sollers III, J. J.; Wager, T. D. (2012). A meta-analysis of heart rate variability and neuroimaging studies: Implications for the neurovisceral integration model of emotion and self-regulation. *Neuroscience & Biobehavioral Reviews*, *36*(2), 791–798. Disponível em: https://doi.org/10.1016/j.neubiorev.2011.11.009.

Treadway, M. T.; Zald, D. H. (2011). Reconsidering anhedonia in depression: Lessons from translational neuroscience. *Neuroscience & Biobehavioral Reviews*, *35*(3), 537–555. Disponível em: https://doi.org/10.1016/j.neubiorev.2010.07.006.

Vago, D. R.; Silbersweig, D. A. (2012). Self-awareness and neurobiology of mindfulness. *Frontiers in Human Neuroscience*, *6*, 296. Disponível em: https://doi.org/10.3389/fnhum.2012.00296.

Vaillant, G. E. (2002). Aging Well: Surprising Guideposts to a Happier Life from the Landmark Harvard Study of Adult Development. Little, Brown and Company.

Van der Kolk, B. A. (2014). *The body keeps the score: Brain, mind, and body in the healing of trauma*. New York: Viking.

Walker, M. P.; Van der Helm, E. (2009). Overnight therapy? The role of sleep in emotional brain processing. *Psychological Bulletin*, *135*(5), 731–748. Disponível em: https://doi.org/10.1037/a0016570.

Weaver, I. C. G.; Cervoni, N.; Champagne, F. A.; D'Alessio, A. C.; Sharma, S.; Seckl, J. R.; Meaney, M. J. (2004). Epigenetic programming by maternal behavior. *Nature Neuroscience*, *7*(8), 847–854. Disponível em: https://doi.org/10.1038/nn1276.

Wilson, R. S., Schneider, J. A., Arnold, S. E., Bienias, J. L., & Bennett, D. A. (2007). Proneness to psychological distress is associated with risk of Alzheimer's disease. Neurology, 61(2), 1479–1485. Disponível em: https://doi.org/10.1212/01.wnl.0000096167.56734.59

Yehuda, R. (2002). Post-traumatic stress disorder. *New England Journal of Medicine*, *346*(2), 108–114. Disponível em: https://doi.org/10.1056/NEJMra012941.

Yehuda, R.; Bierer, L. M. (2007). Transgenerational transmission of cortisol and PTSD risk. In R. Kloet, M. Oitzl, & E. Vermetten (Eds.), Stress Hormones and Post Traumatic Stress Disorder: Basic Studies and Clinical Perspectives (Progress in Brain Research, Vol. 167, pp. 121–135). Elsevier. Disponível em: https://doi.org/10.1016/S0079-6123(07)67009-5.

Yehuda, R., Daskalakis, N. P., Lehrner, A., Desarnaud, F., Bader, H. N., Makotkine, I., Flory, J. D., Bierer, L. M., & Meaney, M. J. (2014). Influences of maternal and paternal PTSD on epigenetic regulation of the glucocorticoid receptor gene in Holocaust survivor offspring. American Journal of Psychiatry, 171(8), 872–880. Disponível em: https://doi.org/10.1176/appi.ajp.2014.13121571

Yehuda, R., Halligan, S. L., & Grossman, R. (2001). Childhood trauma and risk for PTSD: Relationship to intergenerational effects of trauma, parental PTSD, and cortisol excretion. Development and Psychopathology, 13(3), 733–753. Disponível em: https://doi.org/10.1017/S0954579401003170

Yehuda, R.; LeDoux, J. (2007). Response variation following trauma: A translational neuroscience approach to understanding PTSD. *Neuron*, *56*(1), 19–32. Disponível em: https://doi.org/10.1016/j.neuron.2007.10.005.

Yehuda, R.; Schmeidler, J.; Giller Jr, E. L.; Siever, L. J.; Binder-Brynes, K. (1998). Relationship between posttraumatic stress disorder characteristics of Holocaust survivors and their adult offspring. American Journal of Psychiatry, 155(6), 841–843. Disponível em: https://doi.org/10.1176/ajp.155.6.841.

Young, K. S. (2007). Cognitive-behavioral therapy with Internet addicts: Treatment outcomes and implications. *CyberPsychology & Behavior*, 10(5), 671–679. Disponível em: https://doi.org/10.1089/cpb.2007.9971.

Zalli, A.; Carvalho, L. A.; Lin, J.; Hamer, M.; Erusalimsky, J. D.; Blackburn, E. H.; Steptoe, A. (2014). Shorter telomeres with high telomerase activity are associated with raised allostatic load and impoverished psychosocial resources. *Proceedings of the National Academy of Sciences*, 111(12), 4519–4524. Disponível em: https://doi.org/10.1073/pnas.1322145111.

Zautra, A. J., Hall, J. S., & Murray, K. E. (2010). Resilience: A new definition of health for people and communities. Guilford Press.

Zubin, J.; Spring, B. (1977). Vulnerability: A new view of schizophrenia. *Journal of Abnormal Psychology*, *86*(2), 103–126. Disponível em: https://doi.org/10.1037/0021-843X.86.2.103.

MATRIX